T0284132

La creatividad

Luis Bassat nació en Barcelona en 1941 y, como él mismo suele decir, ha dedicado toda su vida a la creatividad. A los veinticinco años creó su primera agencia de publicidad y en 1975 fundó Bassat & Asociados, con tres personas, medio cliente y una clara vocación internacional. Cuando se retiró en 2007, más de 650 personas trabajaban en las distintas empresas del Grupo Bassat Ogilvy en España. A lo largo de su carrera profesional ha creado cientos de campañas de publicidad, ocupado importantes cargos directivos en la organización mundial de Ogilvy & Mather y recibido incontables premios y reconocimientos. Pero quizá del que más orgulloso se siente es de la Medalla de Oro Barcelona'92 por su contribución al éxito de las Ceremonias Olímpicas, un ejemplo de creatividad que ha hecho historia. Es autor de *El Libro Rojo de la publicidad* (1993), *El Libro Rojo de las marcas* (1999), *Confesiones personales de un publicitario* (2008), *Inteligencia comercial* (2011), *El Libro Rojo de la vida* (2013) y *La creatividad* (2019).

Biblioteca

LUIS BASSAT

La creatividad

DEBOLS!LLO

Papel certificado por el Forest Stewardship Council®

Primera edición en Debolsillo: marzo de 2022

Printed in Spain – Impreso en España

ISBN: 978-84-663-5975-7
Depósito legal: B-844-2022

Compuesto en M. I. Maquetación, S. L.
Impreso en Black Print CPI Ibérica
Sant Andreu de la Barca (Barcelona)

P 3 5 9 7 5 7

Cada fracaso en las doscientas
bombillas que no funcionaron
me enseñó algo que fui capaz de
incorporar en el siguiente intento.

THOMAS EDISON

La insatisfacción es la fuente
de la creatividad.

SHIMON PERES

Índice

Prólogo

Como el propio Luis Bassat explica en la última página, este libro nace de una conferencia. Espero que me perdonen por haberles desvelado el final, ya que, aunque no sea una novela, su lectura resulta tan entretenida como si lo fuera.

Cualquiera que haya asistido a una conferencia de Luis Bassat sobre creatividad sabe de su maestría para captar la atención del auditorio desde el primer momento, de su talento para mantenerla hasta el último instante y de su magia para lograr que, al final, todos salgamos queriendo hacer las cosas un poco mejor que las hacíamos antes de escucharle.

La primera vez que asistí a una de sus charlas sobre creatividad fue hace más de cuarenta años, en la Universidad Autónoma de Barcelona. Por más que me esfuerce, no consigo recordar qué profesor le invitó, pero en cambio nunca he podido olvidar la aparición de Luis en el aula acompañado por su inseparable Carmen. Venía cargado con su propia pantalla y su propio proyector, dispuesto a compartir sus conocimientos con aquella primera promoción de futuros licenciados en Publicidad que, si por algo se caracterizaba, era por su total falta de medios. Ni que decir tiene que su exposición fue brillante, repleta de anécdotas de su vida cotidiana y de magníficos ejemplos seleccionados entre los mejores *spots* de televisión del mundo. Después de tanta sociología, tanta psicología, tanta economía y tanta lingüística, por fin alguien nos hablaba de aquello por lo que habíamos elegido la publicidad como nuestra futura profesión.

Desde entonces, miles de estudiantes y profesionales de todo el mundo han tenido la oportunidad de entusiasmarse escuchando a Luis Bassat hablar de creatividad, con esa estudiada sencillez y esa profunda convicción que solo posee quien realmente sabe de lo que habla.

Cuando los editores Carlos Martínez y Jordi Galli asistieron hace poco a una de esas conferencias, no tuvieron ni que mirarse. Los dos supieron al instante que, tarde o temprano, alguien le propondría convertirla en un libro, y decidieron ser ellos. Hubiera sido fácil transcribirla tal cual, pero Luis Bassat ha hecho mucho más. Ha escrito un auténtico tratado acerca de la creatividad, con tantas anécdotas y ejemplos como la más amena de sus charlas.

El resultado es este libro que hoy tengo el honor de prologar, sin más mérito que haber tenido la suerte de ser la primera redactora que Luis contrató para trabajar con él en Bassat & Asociados, y el privilegio de seguir contando con su confianza tantos años después.

ESTHER VICENTE

Introducción

Con toda modestia

Llevo toda mi vida dedicado a la publicidad y he constatado que los publicitarios tenemos una capacidad, que otra gente no tiene, de introducir, desarrollar y consolidar ideas o conceptos en las diferentes sociedades donde vivimos. Así, por ejemplo, la palabra «creativo» ha quedado íntimamente ligada al sector de la publicidad: creativo, director creativo, director creativo ejecutivo, director creativo mundial… Nos hemos apropiado del concepto. ¡Cuántas veces he oído a una madre decir que su hijo es muy creativo y que por ello quiere dedicarse a la publicidad!

Afortunadamente, la creatividad no es patrimonio exclusivo de ninguna profesión y es la esencia de muchas de ellas. La creatividad, como la inteligencia, no es una profesión. Es algo que todos podemos desarrollar. Cierto que los publicitarios la hemos desarrollado de tal manera que la hemos convertido en nuestro trabajo de cada día, pero muchas otras profesiones han dado brillantísimos creativos, aunque no se denominen así.

¿O no hizo un alarde de creatividad Victor Hugo cuando escribió *Los miserables*? Leí el libro a los dieciséis años. Vi el musical en un teatro de Londres con uno de mis hijos cuando él tenía esa misma edad y ahora, cuando mi nieta mayor acaba de cumplirlos, veo la película. ¡Tres generaciones impactadas por el talento creativo de Victor Hugo! Y también por el de Cameron Mackintosh, que lo llevó al teatro con extraordinario éxito, y el de Tom Hooper, que lo ha convertido en una magnífica película; sin olvidar la brillante creatividad musical de Alain Boublil y Claude-Michel Schönberg.

Y hablando de música, ¿fueron creativos Bach, Beethoven, Mozart, Verdi, Gershwin, Duke Ellington, Louis Armstrong, Miles Davis o los Beatles? Creo, sinceramente, que más que cualquier publicitario, pero a nosotros se nos sigue llamando creativos y a ellos no.

Y Leonardo da Vinci, Miguel Ángel, Rafael, Velázquez, Goya, Gauguin, Van Gogh, Matisse, Picasso, Miró, Magritte o Dalí, ¿qué fueron? ¿Artistas? ¿Pintores? ¿Creativos? Claro que lo fueron, y mucho, pero el calificativo «creativo» sigue siendo nuestro.

Como los escritores, filósofos, pensadores, y también los médicos, cirujanos, físicos, químicos, ingenieros o arquitectos, que dan continuamente muestras de su creatividad en libros, ensayos, vacunas, trasplantes, teorías y teoremas, puentes, edificios o diseños. ¿Acaso no son creativos? ¡Claro que sí, brillantemente creativos e innovadores! Pero el nombre no deja de ser nuestro.

Por eso hemos de ser capaces de usarlo con prudencia. Es cierto que la creatividad publicitaria comercial y empresarial está muy presente en televisión, en Internet, en la radio y en los periódicos, y que se habla continuamente de ella más que de los nuevos medicamentos, vacunas o formulaciones físicas. Pero ser más popular no quiere decir ser más importante, o tener más prestigio. Es simplemente estar más en boca de la gente. Este libro no pretende ser dogmático. No hay una sola manera de ser creativo. Yo aquí explico la mía, con toda modestia. Y desde esta modestia trataré de poner negro sobre blanco cómo la creatividad me ha ayudado en mi vida profesional y también personal.

1

Brevísima historia de la creatividad a lo largo de los siglos

La inteligencia es lo que ha distinguido al ser humano del resto de los seres vivos. Y su creatividad, surgida por el instinto de supervivencia, lo que cambió el rumbo de la historia.

Hace unos 2,5 millones de años el *Homo habilis* se las ingenió para transformar cantos rodados en utensilios pequeños y rústicos con filo. Aquello fue solo el principio, porque para inventar el hacha de piedra, de forma triangular y con el borde muy afilado, que servía para despedazar animales y cortar todo tipo de cosas, hubo que esperar un poco. Más o menos, un millón de años.

Luego, pasados 600.000 años, el género *Homo* fue capaz de diseñar unas sofisticadas lanzas de madera para cazar, que se han encontrado entre esqueletos de grandes herbívoros, entre ellos numerosos caballos.

El problema seguía siendo que para poder cazar había que acercarse mucho a los animales, así que 60.000 años a.C. el hombre buscó y encontró una nueva manera de poder hacerlo desde más lejos e inventó el arco y la flecha. A partir de ese momento, pudo abastecerse de carne más a menudo y disminuyó su ingesta de alimentos herbáceos. Y al aumentar el consumo de carne, que era más nutritiva y más fácil de masticar que la mayor parte de raíces, la estructura de su mandíbula fue cambiando, lo que favoreció la evolución de sus grandes músculos a otros más finos que permitían un movimiento más delicado de la lengua.

Paralelamente, el hombre seguía desarrollando su inteligencia gracias a la evolución del tamaño de su cerebro, vinculada a la bipedestación. Cuando el hombre comenzó a caminar de pie y liberó las manos del suelo, pudo empezar a utilizarlas para transportar alimentos y crear nuevas herramientas. Así, la ubicación de la laringe descendió, lo que hizo que ésta se hallara en mejores condiciones para producir vocales y consonantes.

La etapa prehistórica estuvo llena de inventos, de evolución, en definitiva, de creación. La utilización del fuego para acorralar a los elefantes en los pantanos y matarlos allí, o la pintura en las cuevas para plasmar el mundo que les rodeaba, son algunos ejemplos que nos demuestran que cuando nos referimos a la Edad Prehistórica realmente nos estamos refiriendo a la Primera Edad de la explosión creativa.

El nacimiento de la escritura, que tuvo lugar en Sumer entre 4.000 y 3.000 años a.C., supone un antes y un después en la difusión de las ideas, hasta entonces exclusivamente oral. Tal vez la escritura no se considera un invento, pero lo es, tan importante o más que el barco de vela inventado en esa misma época.

Aunque, sin duda, el invento mecánico más importante, el que revolucionó la vida de las personas, fue el de la rueda, que apareció 3.200 años a.C. Los primeros en usarla fueron los alfareros de Mesopotamia y rápidamente su uso se extendió por todas partes. Se trataba de un mecanismo sencillo en el que una pieza circular giraba alrededor de un eje, lo que permitía desarrollar extraordinariamente el transporte de personas o mercancías. Curiosamente, la rueda no se utilizó en América hasta que los europeos colonizaron este continente. Los sioux, cheyenes, mohicanos y otras tribus de indios del oeste americano trasladaban sus cosas en una especie de camillas arrastradas por caballos.

Entre los años 1000 y 700 a.C. los egipcios empezaron a utilizar el sol como manera de medir el tiempo. Gracias a la sombra que sus rayos proyectaban en unas marcas establecidas, el día podía dividirse en tantos espacios como conviniera.

Una tras otra, cada nueva creación del hombre supera a la anterior. En China, el año 105 d.C. el oficial Tsai Lun creó el papel a partir de fibras vegetales que se machacaban y se empapaban en agua, lo que permitió dejar atrás la utilización de piel animal, llamada pergamino, como soporte para la escritura o la ilustración. Una idea insuperable hasta que en 1450 Gutenberg inventó la imprenta, un trascendental avance tecnológico que permitió la difusión masiva de las ideas, y con el que la humanidad dio otro paso de gigante en el rumbo de la historia.

En 1590, Zacharias Janssen construyó el primer microscopio óptico, movido por la necesidad de ver más allá de lo que el ojo humano permitía. Dos años después, en 1592, Galileo Galilei inventó el termoscopio, predecesor del termómetro, atribuido a Santorio Santorio, que permitió medir la temperatura de personas, animales y cosas.

En 1796 Edward Jenner inventó la vacuna. El médico inglés infectó intencionadamente a un niño con la vacuna y, una vez se recuperó, lo expuso a la viruela. El niño no cogió la viruela, puesto que la enfermedad menos virulenta lo había hecho inmune.

Mi afición al ciclismo me lleva a incorporar la bicicleta a esta brevísima historia de la creatividad a lo largo de los siglos. Fue creada en el año 1839 por Kirkpatrick Macmillan. Su mecanismo era mucho más incómodo que el que conocemos actualmente. Los pedales iban pegados a las ruedas delanteras y por ello su velocidad dependía por completo de la rotación de los pedales, hasta que en 1887 John Kemp Starley inventó la bicicleta de seguridad, que se basa en la tracción por cadena, de manera que el ciclista puede pedalear a una velocidad mucho más lenta que a la que rueda la bicicleta.

Recuerdo que en 1982 estaba en el Hotel Beijing, en la capital de China. Me despertó un ruido alrededor de las cinco de la mañana. Parecía que tenía sobrevolando encima de mi cabeza un millón de avispas. Me asomé por la ventana y vi miles y miles y miles de ciclistas que recorrían la ciudad hacia su puesto de trabajo. La población entera iba en bicicleta.

Son muchos los inventos de aquella época que han perdurado hasta nuestros días. En 1885 se produjo uno de los más importantes de la historia de la humanidad: el automóvil, que cambió para siempre la forma de trasladarse, primero de unas élites, pero después de todo el mundo.

En 1876 se inventó el teléfono, en 1895 la radio, y en 1903 la fotografía. Ese mismo año se dio a conocer otro de los inventos cruciales, el avión, que sustituyó al Zeppelin y que permitió el desplazamiento entre Europa y América, un trayecto que antes se realizaba únicamente por barco, de una forma mucho más rápida. Luego vendrían la televisión en 1926, el cine sonoro en 1927, los ordenadores en 1946, e Internet en 1969.

En el ámbito científico el hombre sigue dando pasos gigantescos y determinantes en la calidad de vida de las personas. Si Alexander Fleming descubrió la penicilina en 1928, actualmente cientos de médicos, biólogos y científicos investigan sobre el genoma humano, que puede abrir paso a curaciones que hasta ahora no eran posibles.

¿Cuántos elementos utilizamos cada día que han sido grandes aportaciones creativas a nuestras vidas? Inventos como el fonógrafo o tocadiscos (1877), la bombilla incandescente de Thomas Edison (1879), las hojas de afeitar creadas por King Camp Gillette para sustituir a las peligrosas navajas (1901), la cremallera (1913), el bolígrafo (1938), el cinturón de seguridad (1959) o las rotondas (1960) son solo algunos ejemplos. Y todos, absolutamente todos, han sido fruto de la creatividad de alguien que sintió la necesidad de mejorar su entorno, su vida y la vida de millones de ciudadanos del mundo.

2

Definiciones de la creatividad

Durante años y años he tratado de definir la creatividad de manera que todo el mundo entendiera lo que yo creo que es. Ha habido docenas de investigadores, profesores, psicólogos y psiquiatras que han escrito cientos de definiciones, con las que se puede estar completamente de acuerdo, o no. Después veremos algunas, pero ahora quisiera compartir con los lectores unos ejemplos que me permiten explicar mejor qué es exactamente la creatividad, palabra muy joven, traducción de *creativity*, que empezó a usarse en 1950.

Cuando yo iba al colegio, en la clase de gimnasia hacíamos salto de altura estilo tijera. Se trataba de correr hacia la barra y al llegar a ésta, que solía estar a metro y medio del suelo, levantar primero una pierna, normalmente la derecha, luego la otra y finalmente caer de pie. Los buenos saltadores de mi clase, que ya participaban en campeonatos de Cataluña y España, saltaban de una manera distinta, que se llamaba estilo rodillo ventral.

Corrían, se tiraban prácticamente de cabeza por encima de la barra, pasaban entonces las piernas a la misma altura que la cabeza, intentando que su vientre o sus rodillas no tocaran la barra. Hasta que en 1968 Dick Fosbury sorprendió al mundo. Recuerdo que yo estaba viendo los Juegos Olímpicos de México por televisión cuando Fosbury, al ir a saltar, se tiró de espaldas. Me agarré a los brazos del sillón, convencido de que ese hombre se rompería la columna vertebral, pero por suerte no fue así, cayó de espaldas sobre una colchoneta bien gruesa y se levantó inmediatamente. El salto de Dick Fosbury ha sido, desde entonces, el ejemplo que me ha permitido definir mejor la creatividad, porque hizo las tres cosas que son fundamentales para que algo pueda considerarse creativo. La primera es que hizo algo distinto, original: saltó de espaldas en vez de saltar de frente. Pero, si saltando de espaldas hubiera quedado el último, habría pasado a la historia de los Juegos Olímpicos como «el chiflado de México». Lo cierto es que quedó el primero, saltó más alto que los demás y ganó la medalla de oro, cumpliendo la segunda premisa: hacerlo mejor. Es decir, creatividad es hacer algo diferente y mejor que como se ha hecho hasta ese momento. En tercer lugar, si Fosbury hubiera hecho todo eso por ser él una persona excepcional y tener, por ejemplo, una columna vertebral flexible, se le recordaría como aquel fenómeno o aquel ejemplo único de México. Pero no lo era. Y su nueva manera de saltar no solo le permitió ganar la medalla de oro de aquellos Juegos

Olímpicos, sino que prácticamente obligó, a partir de ese momento, a todos sus competidores a saltar como él, si querían llegar a su altura. Por tanto, creo que se puede decir que la buena creatividad es hacer algo original y diferente, mejor que como lo han hecho los demás, y lograr que se convierta en el nuevo modelo a seguir, o la nueva manera de hacer.

Veamos ahora la definición del investigador escocés Donald M. MacKinnon: «La creatividad es un proceso que se desarrolla en el tiempo y que se caracteriza por la originalidad, el espíritu de adaptación y el cuidado de la realización concreta. Ese proceso puede ser breve, como lo es una improvisación musical, pero puede igualmente implicar largos años, como los que precisó Darwin para crear la teoría de la evolución».

Otro investigador, John E. Drevdahl, trata de sintetizar las diferentes definiciones de creatividad en ésta: «Creatividad es la capacidad humana de producir contenidos mentales de cualquier tipo que, esencialmente, pueden considerarse como nuevos y desconocidos para quienes los producen. Puede tratarse de actividad de la imaginación o de una síntesis mental, que es más que un mero resumen. La creatividad puede implicar la formación de nuevos sistemas y de nuevas combinaciones de informaciones ya conocidas, así como las transferencias de relaciones ya conocidas a situaciones nuevas y la formación de nuevos correlatos. Una actividad, para poder ser calificada de creativa, ha de ser intencional y dirigida a un fin determinado, por más que su producto pueda no ser prácticamente aplicable de un modo inmediato, tener imperfecciones y ser incompleto todavía. Puede adoptar forma artística o científica, o ser de índole técnica o metodológica».

La neuróloga y experta en creatividad Alice W. Flaherty la define así: «Creatividad se refiere a la producción de algo, nuevo y útil, en un contexto social dado».

Más cercana a nosotros, la profesora Caridad Fernández Martínez la define de otra manera: «La creatividad es el conjunto de aptitudes vinculadas a la personalidad del ser humano que le permiten, a partir de una información previa, y mediante una serie de procesos internos (cognitivos), en los cuales se transforma dicha información, la solución de problemas con originalidad y eficacia».

Todas son magníficas definiciones de la creatividad, pero no me quedo tranquilo si no resalto la brevísima de Steve Jobs, que fue extraordinario consejero delegado y promotor de la innovación en Apple: «Creatividad es, simplemente, conectar cosas».

Por último, pocas resumen lo que es la creatividad con tan pocas y acertadas palabras como las del filósofo José Antonio Marina en uno de sus artículos publicados en *La Vanguardia*, recopilados en el delicioso libro *Crear en la vanguardia*: «Crear es hacer que algo valioso que no existía, exista».

3

La personalidad creativa

En este capítulo voy a hacer un experimento: voy a tratar de escribir, de un tirón, cómo creo que soy yo, que he dedicado a la creatividad toda mi vida. Luego seleccionaré las opiniones contrastadas de los mejores psicólogos, psiquiatras, neurólogos e investigadores, acerca de la personalidad creativa y lo podremos comparar. ¿Tengo una personalidad creativa? ¿Soy como dicen ellos que son los creativos? (Tal vez, querido lector, podría hacer lo mismo. ¿Por qué no escribe, ahora, cómo cree que es y lo compara con esas autorizadas opiniones?)

Ante todo creo que soy una persona normal, con una inteligencia normal, muy lejos de lo que se llama un superdotado.

Me gusta escuchar y aprender de todo. Tal vez por eso he sido tan feliz en la profesión de publicitario, que me ha permitido aprender cada día cosas nuevas, por lo que puedo decir que sé bastante de todo, aunque, tal vez, mucho de nada.

Soy inconformista, es decir, no me conformo con muchísimas de las cosas que veo y oigo cada día, y tengo la necesidad de mejorarlas. Desde la política a la cultura, pasando por la enseñanza, la vida familiar, los amigos, los clientes, los proveedores, los bancos, la sanidad, el deporte, los espectáculos, los horarios y tantas y tantas cosas más.

Me gusta trabajar en equipo, y soy un convencido de que el trabajo bien hecho es el objetivo más importante de cualquier empresa. No repudio el dinero, pero creo que los que buscan solo eso, al final, no consiguen ni tan siquiera su propósito. En cambio, el trabajo bien hecho, en cualquier profesión, siempre acaba proporcionando una satisfacción profesional y económica.

No me gusta mandar, prefiero motivar a la gente y felicitar a quien lo ha hecho bien. Y cuando digo bien, quiero decir muy bien.

No soporto que me mientan. Acepto los errores, faltaría más, pero no que quieran engañarme. Confío en las personas, pero no en las que abusan de mi buena fe. Me gusta que confíen en mí y soy capaz de dejarme la piel para no defraudar esa confianza.

Me gusta competir, sobre todo conmigo mismo. Como decía un famoso libro, creo que el cielo es el límite.

Necesito el orden. No soy capaz de sentarme a trabajar en una mesa repleta de papeles y de temas pendientes.

Prefiero lo sencillo a lo complicado, en las ideas y en

la cocina, aunque para lograr lo sencillo, a veces, debe transitarse por un camino complicado.

No quiero lo que no es mío, y siempre estoy dispuesto a dar algo mío a quien de verdad lo necesite, una idea, un consejo, una caña de pescar...

Soy capaz de trabajar incansablemente horas, días, semanas, en busca de una buena idea. En cambio, no soporto ni diez minutos un libro, una película o un programa de televisión mal hechos.

Reconozco que le debo mucho a mi mujer y me gusta pagar mis deudas.

No suelo dejar un problema, ni un sudoku, hasta que está resuelto.

Aprendí a obedecer mucho antes que a mandar. Por eso, me suelo poner con facilidad en la piel del otro.

No me canso de pensar, ahora que ya me empiezo a cansar cuando subo una montaña en bicicleta.

No acepto la injusticia, ni la inmoralidad, ni el abuso de poder, ni muchas otras cosas que por desgracia están muy cerca de nosotros.

Prefiero dejar las cosas por escrito. Luego las recuerdo mejor. No me gusta abusar de mi memoria, porque un día me puede traicionar.

Me admiran las buenas ideas de los demás, que siempre suponen un reto para mí.

Disfruto con lo que hago. Si un día dejara de disfrutar, haría otra cosa.

Creo que soy una persona equilibrada, sobre todo

mentalmente. En lo físico podría ser más alto y más delgado, pero en lo mental me conformo como soy. ¡Y que sea por muchos años!

No creo en los que no creen en mí.

No me cuesta decidir. Suelo ver claro qué está bien y qué no.

No pretendo ser ejemplo para nadie. Bueno, tal vez para mis hijos y mis nietos.

Trato de hacer lo que puedo por los demás, aunque demasiadas veces he sentido su ingratitud.

No sé por qué, a veces me siento muy humilde, y a veces, muy orgulloso.

Nunca he sido un gran deportista. No tengo el tipo, pero sí soy un corredor de fondo. Me preparo y tengo tanta tenacidad y resistencia como el que más.

Prometo poco. Pero cumplo lo que prometo. Y pongo el alma en lo que hago.

Veamos ahora qué opinan los expertos.

Mihaly Csikszentmihalyi, profesor de Psicología en la Universidad de Claremont (California), escribe: «¿No hay rasgos que distingan a la gente creativa? Si tuviera que expresar con una sola palabra lo que hace sus personalidades diferentes de las demás, esa palabra sería complejidad. Con esto quiero decir que muestran tendencias de pensamiento y actuación que en la mayoría de las personas no se dan juntas. Contienen extremos contradictorios: en vez de ser *individuos*, cada uno de ellos es una *multitud*. Lo mismo que el color blanco incluye todos los matices del espectro lumínico, ellos tienden a reunir el abanico entero de las posibilidades humanas dentro de sí mismos».

El escritor alemán Dietrich Schwanitz comparte esa complejidad: «Como los individuos creativos son capaces de combinar ideas que para individuos más simples son contradictorias, no se irritan ante las opiniones contrarias y las objeciones, pues están acostumbrados a experimentar con ellas y siempre encuentran algo aceptable. Suelen pensar en direcciones opuestas y pueden dejar abierta la conclusión. Los individuos creativos no temen la ambivalencia, la contradicción y la complejidad, porque éstas les sirven de estímulo. Son lo contrario de los fanáticos, a quienes les horroriza la complejidad y son propensos a las simplificaciones, o, como dice Lichtenberg, son individuos capaces de todo, pero de nada. Para diferenciar la creatividad de la inteligencia es necesario distinguir entre pensamiento convergente y pensamiento divergente. El primero remite a informaciones nuevas, pero ligadas a contenidos ya conocidos, mientras que el segundo hace referencia a informaciones nuevas que en gran medida son independientes de la información previa. Así pues, los test de inteligencia miden el pensamiento convergente, mientras que el pensamiento divergente constituye la base del creativo. El primero exige respuestas correctas, el segundo un conjunto de respuestas posibles, lo que implica originalidad y flexibilidad. Pero la originalidad sola no basta, el pensamiento divergente requiere además la capacidad crítica para discernir y apartar inmediatamente las ideas absurdas —normalmente sabemos de inmediato si una idea puede ser fructífera o no».

Parece que hay un consenso entre los investigadores para definir la personalidad de un individuo creativo.

Los individuos creativos tienen gran cantidad de energía física, pero también están a menudo callados y en reposo. Trabajan muchas horas, con gran concentración, proyectando al mismo tiempo una atmósfera de frescura y entusiasmo. Esto indica una dotación física superior, una ventaja genética. Sin embargo, es sorprendente la frecuencia con que individuos que a los setenta y ochenta años rebosan energía y salud recuerdan una infancia plagada de enfermedades. Esto no significa que las personas creativas sean hiperactivas, estén siempre «en marcha», que produzcan constantemente. De hecho, con frecuencia se toman descansos y duermen mucho. Lo importante es que tienen la energía bajo control; no la controla el calendario, el reloj, un horario externo. Cuando es necesario, pueden concentrarla como un rayo láser. Cuando no lo es, comienzan inmediatamente a recargar sus baterías. Consideran que un ritmo donde la actividad va seguida de ocio o reflexión es muy importante para el éxito de su trabajo. Y no se trata de un biorritmo que hayan heredado con sus genes; fue aprendido, mediante ensayo y error, como una estrategia para alcanzar sus objetivos.

Tienden a ser vivos, pero también ingenuos al mismo tiempo. El porqué una inteligencia baja obstaculiza la realización creativa resulta completamente obvio, pero ser intelectualmente brillante también puede ser perjudicial para la creatividad. Algunas personas con altos coeficientes intelectuales acaban sintiéndose satisfechas de sí mismas y seguras de su superioridad mental. Pierden la curiosidad esencial para llevar a cabo cualquier cosa nueva. Aprender hechos, jugar con las reglas existentes, puede resultar tan fácil para una persona con alto coeficiente intelectual que nunca llegue a tener incentivo alguno para interrogar, cuestionar y mejorar sus conocimientos.

Los individuos creativos alternan entre la imaginación y la fantasía, por un lado, y un arraigado sentido de la realidad por el otro. Ambos son necesarios para apartarse del presente sin perder contacto con el pasado. Albert Einstein escribió una vez que el arte y la ciencia son dos de las formas más sublimes de escapar de la realidad que los seres humanos han ideado. Probablemente estaba en lo cierto: el gran arte y la gran ciencia suponen un salto de imaginación a un mundo diferente del presente. El resto de la sociedad a menudo ve estas nuevas ideas como fantasías sin relación con la realidad actual, y tiene razón. Pero lo único que importa del arte y la ciencia es ir más allá de lo que ahora consideramos real, y crear una nueva realidad. Al mismo tiempo, esta «huida» no es nunca a un territorio de ensueños. Lo que convierte en creativa una idea novedosa es que, una vez que la consideramos, tarde o temprano nos damos cuenta de que, por extraña que parezca, es verdadera.

Las personas normales rara vez son originales, pero a veces son extravagantes. Las personas creativas, a lo que parece, son originales sin ser extravagantes. La novedad que ven está enraizada en la realidad.

La mayoría de nosotros suponemos que los artistas, los escritores, los poetas o los pintores tienen su punto fuerte en el lado de la fantasía, mientras que los científicos, los políticos y los hombres de negocios son realistas. Puede que sea verdad desde el punto de vista de las actividades rutinarias de cada día. Pero cuando una persona comienza a trabajar creativamente, todas las apuestas fallan: el artista puede ser tan realista como el físico, y el físico, tan imaginativo como el artista.

Los individuos creativos insisten continuamente en la importancia de ver y oír a gente, intercambiar ideas y llegar a conocer el trabajo y el parecer de otras personas. Tal vez por ello, son también notablemente humildes y orgullosos al mismo tiempo. Resulta extraordinario reunirte con una persona famosa que esperas que sea arrogante o desdeñosa y, en vez de eso, encontrar tan solo autocríticas y timidez. Sin embargo, hay buenas razones para que así sea. En primer lugar, estos individuos son perfectamente conscientes de que, según las palabras de Newton, están «sobre los hombros de gigantes». Su respeto por el campo en el que trabajan les hace conscientes de la larga línea de contribuciones que les han precedido, y eso pone la suya en perspectiva. En segundo lugar, también son conscientes del papel que la suerte desempeña en sus propios logros. Y en tercer lugar, habitualmente están tan centrados en proyectos futuros y tareas actuales, que sus relaciones pasadas, por destacadas que hayan sido, ya no les resultan demasiado interesantes.

Finalmente, la apertura y sensibilidad de los individuos creativos a menudo los expone al sufrimiento y el dolor, pero también a una gran cantidad de placer. El sufrimiento es fácil de entender. La mayor sensibilidad puede provocar desaires y ansiedades que los demás no sentimos habitualmente. La mayoría estaría de acuerdo con las palabras del ingeniero e inventor Jacob Rabinow: «Los inventores tienen un umbral de dolor bajo. Las cosas les molestan». Una máquina mal diseñada causa dolor a un ingeniero inventivo, lo mismo que al escritor creativo le hiere la lectura de una mala prosa.

Tal vez usted, amable lector, será más objetivo que yo al comparar lo que creo que soy, es decir, mi personalidad creativa, y lo que los expertos creen que es la personalidad de los creativos. Y usted, ¿ha podido escribir lo que cree que es y compararlo con lo que los expertos dicen que es la personalidad creativa?

Hace años di una conferencia sobre creatividad en la Universidad de Girona, y en el coloquio final un alumno me preguntó cómo podía saber él si era creativo o no. Para contestarle, le pregunté si vivía lejos de la universidad. Me dijo que a veinte minutos a pie. Luego le pregunté por qué camino iba y volvía cada día, y me contestó que por el más corto. Entonces le hice la siguiente reflexión:

«¿Y el más corto es siempre el mejor? ¿Por qué no dedicas cinco minutos más e intentas ir y volver cada día por un camino diferente? Verás otros árboles, otras casas, otras tiendas, otras salidas y puestas de sol, y esa curiosidad por ver cosas distintas es lo que hará de ti un creativo mejor». Supongo que me hizo caso, porque hoy es un magnífico cámara de televisión en una importante cadena. La suerte hizo que volviéramos a coincidir en un programa, y puedo asegurar que su creatividad profesional, especialmente colocando la cámara, es buenísima.

Para ser creativo no hace falta tener un cerebro superior o tener una edad concreta. Los estudios en el campo de la neurología han podido demostrar que también los sujetos de nivel medio pueden llegar a solucionar problemas con un alto nivel de creatividad. Investigaciones psicológicas, como las de los doctores Getzels y Jackson o Wallach y Kogan, han demostrado que la inteligencia y la creatividad son conceptos distintos y que no tienen relación el uno con el otro. Tampoco hay relación entre la edad y la creatividad. De todos es conocido que los niños hacen y dicen cosas sorprendentemente creativas. Y lo mismo sucede con las personas de edad avanzada. Giuseppe Verdi tenía setenta y nueve años cuando compuso *Falstaff*, y el extraordinario arquitecto Frank Lloyd Wright terminó la construcción del Museo Guggenheim neoyorquino a los noventa y uno.

4

El proceso y las técnicas
de la creatividad

Hace años aprendí que para resolver un problema es bueno hacerse estas cuatro preguntas:

1. Cuál es el problema
2. Cuáles son las causas del problema
3. Cuáles son las posibles soluciones
4. Cuál es la mejor solución

1. ¿Cuál es el problema? Esa es la pregunta más difícil de contestar. No vale decir que vendemos menos. Hay que ser tan específico como sea posible. Si decimos, por ejemplo, que desde hace tres meses las ventas en el Levante español, especialmente en hipermercados, han descendido un 5 %, lo que afecta al resultado total de las ventas en España, eso ya está mucho mejor.

2. ¿Cuáles son las causas del problema? Debemos enumerarlas todas, hasta las que pensemos que no son tan relevantes.

3. ¿Cuáles son las posibles soluciones? Aquí se requiere ya algo de imaginación. Para definir el problema y enumerar las causas, basta con ser analítico y racional. Para empezar a buscar posibles soluciones se requiere, además, un poco de imaginación, de creatividad.

4. ¿Cuál es la mejor solución? Finalmente, escoger de entre todas ellas una, o más de una, y acertar requiere buen criterio, capacidad de asumir algún riesgo y también, por qué negarlo, algo de suerte.

Pues bien, ¿por qué digo todo esto que, durante muchos años, tuve ocasión de practicar, cada vez que alguien de mi agencia venía a mi despacho con un problema? Porque también es un proceso creativo.

El proceso que desarrollamos los creativos es prácticamente el mismo que se sigue para la resolución de problemas. También consiste en preguntarse cuál es el problema que hay que resolver, intentar definirlo perfectamente, detallar cuáles son los antecedentes, pensar en las posibles soluciones y en qué consecuencias se pueden derivar de cada una de ellas, y finalmente decidir cuál es la solución original y creativa que resuelve mejor el problema.

Dicho de un modo más científico, el proceso creativo, según se ha venido describiendo tradicionalmente, comprende cinco pasos:

1. Preparación

El primer período es de preparación, de inmersión, consciente o no, en un conjunto de cuestiones problemáticas que son interesantes y suscitan curiosidad.

2. Incubación

La segunda fase del proceso creativo es un período de incubación, durante el cual las ideas se agitan por debajo del umbral de conciencia. Durante este tiempo probablemente se realizan las conexiones inusitadas. Cuando intentamos resolver un problema conscientemente, procesamos información de forma lineal, lógica. Pero cuando las ideas se llaman unas a otras por sí solas, sin que nosotros las dirijamos por una senda recta y estrecha, pueden llegar a producirse combinaciones inesperadas.

3. Intuición

El tercer componente del proceso creativo es la intuición, a veces llamada el momento «¡Ajá!», el instante en que Arquímedes gritó «¡Eureka!» al entrar en el baño, cuando las piezas del rompecabezas encajan. En la vida real, puede haber varias intuiciones entremezcladas con períodos de incubación, evaluación y elaboración.

4. Evaluación

El cuarto paso es la evaluación, cuando la persona debe decidir si la intuición es valiosa y merece la pena dedicarle atención. Ésta es con frecuencia la parte emocionalmente más difícil del proceso, cuando uno se siente más dubitativo e inseguro. ¿Es esta idea realmente novedosa o es obvia? ¿Qué pensarán de ella mis colegas? Éste es el período de la autocrítica, del examen introspectivo.

5. Elaboración

La última parte del proceso es la elaboración. Probablemente es la que lleva más tiempo y supone el trabajo más duro. A esto se refería Edison cuando decía que la creatividad consiste en un 1 % de inspiración y un 99 % de transpiración.

Mihaly Csikszentmihalyi hace una crítica, con la que yo estoy de acuerdo: «El proceso creativo no es tanto lineal, cuanto recurrente. El número de interacciones por las que pasa, de vueltas que encierra, de intuiciones que precisa, es algo que depende de la profundidad y amplitud de los temas que se tratan. A veces la incubación dura años; a veces, unas horas. A veces la idea creativa incluye una intuición profunda y un número incalculable de otras menores. En algunos casos, como sucede con la formulación básica de la teoría de la evolución de Darwin, la intuición básica puede aparecer lentamente, en destellos separados e inconexos que lleva años aglutinar en una idea coherente. Para cuando Darwin entendió claramente lo que su teoría suponía, ésta ya no era una intuición, porque todos sus componentes habían aparecido en su pensamiento en momentos diferentes del pasado, se habían ido conectando entre sí lentamente sobre la marcha. Fue un «¡Ajá!» atronador construido a lo largo de toda una vida, formado por un coro de pequeños «¡Eureka!».

Claro que Picasso, con una sola frase, es capaz de darle la vuelta a todo ello: «Yo no busco, encuentro».

La creatividad se puede desarrollar por sí sola, pensando, en cualquier momento del día, en cualquier situación, mientras nos duchamos, o nos afeitamos, o vamos en el metro, en un concierto, o incluso en una ópera, o viendo una película. Por descontado, también, sentados en nuestra mesa de despacho con una hoja de papel en blanco delante, dispuestos a escribir aquello que vaya llegando a nuestra mente. Para mí hay un momento ideal, cuando me voy a dormir y apago la luz. Entonces empiezan a fluirme las ideas a la cabeza.

Hace bastantes años trataba de encontrar la solución para una campaña de publicidad. Había estado trabajando toda la tarde en mi despacho. No había dejado de pensar en el camino hacia mi casa. Continué pensando durante la cena, y nada. Pero cuando me fui a dormir y apagué la luz, me vino a la cabeza una idea extraordinaria que resolvía totalmente el problema. Feliz, dejé de pensar y me dormí. A la mañana siguiente no hubo manera humana de recordar la idea. Para mi desesperación, ni una pista, ni nada que pudiera recordármela. Desde entonces duermo siempre con un bloc de papel y un bolígrafo en mi mesita de noche. Cuando al cabo de un rato de apagar la luz la vuelvo a encender y me pongo a escribir, mi mujer ya sabe que se me acaba de ocurrir una idea que no quiero que se me olvide.

No sé si he comentado alguna vez la historia de la campaña para el Banco Industrial de Cataluña, de Banca Catalana. Llevábamos ocho meses trabajando, desde enero, en todo lo relacionado con el marketing, el posicionamiento, las estrategias, en definitiva, con todo lo que hace falta preparar antes de crear la campaña. Pero llegó el mes de septiembre y nuestro interlocutor, el director de comunicación, me citó para darme una mala noticia. Otra agencia de publicidad les había visitado y les había presentado una campaña que les satisfacía. No nos quería hacer ningún daño. Estaba contento con nosotros, pero aquella campaña le solucionaba un problema difícil: explicar que ese producto daba al cliente un 15 % de interés y un 17 % de desgravación fiscal (¡qué tiempos!), aunque no se podía decir que en total fuera un 32 %, porque no era exactamente así. Me dio hasta la mañana siguiente para presentarle nuestra idea. Si era mejor que la de la otra agencia, seguiría con nosotros. Si no, lamentándolo mucho, nos dejaría.

Volví rápidamente a la agencia. Le expliqué la gravísima situación al director creativo. Habíamos invertido un montón de horas en ese cliente y si lo perdíamos, y no podíamos facturarle la campaña, corríamos el riesgo de tener que cerrar y dejar en la calle a unos estupendos profesionales que no tenían ninguna culpa. Inmediatamente después llamé a un *freelance*, un creativo independiente, para que también desarrollara una campaña. Me pidió, por la urgencia, quinientas mil pesetas de aquella época, que era una fortuna, y acepté sin rechistar. Perder el cliente era muchísimo peor. Y me fui a casa, a encerrarme hasta que me saliera la campaña. Rompí todo lo que escribí. Nada valía. Finalmente decidí irme a dormir y poner el despertador muy temprano. Al poco de apagar la luz apareció una idea. Me levanté y la escribí. Me volví a la cama algo más tranquilo. Pero al cabo de un cuarto de hora, me vino a la cabeza una idea mejor. Me volví a levantar y también la escribí. Volví a acostarme y al cabo de nada, otra idea. Así toda la noche, hasta que a las siete de la mañana me volví a levantar y a escribir ¡la catorceava campaña! Después de hacerlo me dije a mí mismo: «¡Ésta sí!». Y finalmente pude conciliar el sueño, hasta las ocho de la mañana.

La idea era utilizar a los Harlem Globetrotters, ese famoso equipo norteamericano de baloncesto espectáculo, cuyos jugadores solían encestar de las maneras más sorprendentes como, por ejemplo, subiéndose uno encima de otro para llegar más fácilmente al aro. Uno llevaría el número 15 % y otro el 17 %, con lo que se entendería que la gran jugada consistía en obtener el 15 % de interés y el 17 % de desgravación. Volé a la agencia para que me pusieran en limpio la idea y, mientras en el estudio se trabajaba a toda máquina, llegó el *freelance* con una idea francamente pobre. Se excusó. Dijo que en tan poco tiempo no había conseguido nada mejor. Se lo agradecí y le pagué de inmediato. Poco después llegó el director creativo y cuando, ilusionado, le pedí que me enseñara las ideas, se me quedó mirando y me dijo: «Ahora me pongo». Le pregunté qué había hecho durante la tarde y la noche, y se quedó sin respuesta. Entonces le recordé lo que le había dicho el día anterior. Ganar esa campaña era vital. Perderla significaba que todos nosotros podíamos quedarnos sin trabajo. «¿Y pudiste dormir?», le pregunté. Su silencio me lo dijo todo. Entonces le indiqué que pasara por la caja para cobrar su liquidación, y que dejara la agencia esa misma mañana. Hasta que hice el programa de televisión *El Aprendiz*, donde por exigencias del guión tenía que despedir a un participante cada semana con la frase «está despedido», nunca había despedido a nadie de una forma tan contundente.

Unas horas más tarde presenté la campaña de los Globetrotters y, desde el primer momento, noté en la cara de nuestro cliente que habíamos ganado. Tras rodar el *spot* le pedí al director de comunicación del banco que me regalara las camisetas del 15 % y del 17 %, que aún conservo como recuerdo de aquellas catorce campañas que hice en una noche. Mantuvimos el cliente muchísimos años, incluso cuando fue comprado por el Banco de Vizcaya.

Mark Holmes, director artístico de Pixar Animation Studios, también utiliza el sueño para fomentar su creatividad: «Si no haces más que rumiar un problema, puedes acabar en un callejón sin salida. Te limitas a recorrer el mismo camino, una y otra vez, solo que con pequeños giros, realizando, como mucho, cambios graduales. Dormir elimina esto. Te resetea. Te despiertas y piensas: "¡Espera!, hay otra forma de hacer esto"».

Hay muchas otras técnicas para generar ideas, además de la de sentarse y pensar, o ponerse a dormir y pensar. Una de ellas es la que realizan las «duplas creativas», formadas por un redactor y un director de arte. La interacción entre ideas del redactor, que pueden ser más conceptuales, e ideas del director de arte, más visuales, enriquece el proceso creativo. Debo decir que he visto también, infinidad de veces, que la idea conceptual nace de un director de arte, y la visual, de un redactor. El diálogo siempre es productivo. Y cuanto más acostumbrado esté uno a dialogar con el otro, mejor. Alguna vez, intentando fichar a un redactor me he encontrado con que no quería abandonar su agencia para no dejar de trabajar con el director de arte al que estaba acostumbrado y con el que tan buenos resultados estaba consiguiendo. Incluso he conocido «duplas creativas» que se ofrecen conjuntamente y que de ninguna manera aceptarían separarse.

En 1979, Hubert Jaoui clasificó las técnicas de la creatividad en tres grandes grupos: asociaciones de ideas, analogías y combinación de ideas. Todas ellas se desarrollan trabajando en grupo.

El *brainstorming*, o tormenta de cerebros, es la técnica creativa en grupo que más he utilizado yo. Se basa en la asociación de ideas. La inventó en 1953 Alexander

Faickney Osborn, fundador de BBDO (Batten, Barton, Durstine & Osborn), según el cual: «La asociación de ideas es el fenómeno por el cual la imaginación se conduce a sí misma hacia la memoria y es causa de que un pensamiento impulse a otro. Este poder ha sido reconocido en toda su extensión a lo largo de dos mil años, y Platón y Aristóteles lo inculcaron como un principio cardinal de psicología humana». Osborn define así el *brainstorming*: «Una técnica de investigación en grupo mediante la cual, y a partir de las ideas aportadas espontáneamente por sus miembros, se intenta la solución de problemas mal definidos que se encuentran en la industria, el comercio, la publicidad y la vida cotidiana».

Funciona exactamente de la misma manera que la de la dupla; consiste en dialogar, hablar y proponer ideas con la tranquilidad de que nadie las criticará, de que nadie dirá: «¡Qué tontería!». Al contrario, cuanto más descabellada pueda parecer la idea, más caminos abrirá a los otros participantes del *brainstorming*, donde tal vez de cien ideas noventa serán absurdas, nueve aprovechables y una buena, la que resolverá el problema. Lo difícil muchas veces es saber identificar la buena.

Para hacer un *brainstorming* se requiere un mínimo de seis a doce personas. No necesariamente todos creativos, aunque después resulta que los creativos son los que menos miedo tienen a poner sobre la mesa las ideas más fuertes y menos racionales. Hace falta que una persona escriba todo lo que se diga, mejor en una pizarra de papel grande para poder revisar en algún momento lo dicho. Y es imprescindible un líder o director que vaya resumiendo de vez en cuando, que dé la palabra a unos o a otros, y también que haga cumplir unas normas básicas para garantizar la funcionalidad y productividad del *brainstorming*.

Los principios o normas a seguir son:

1. Cualquier clase de juicio crítico está prohibida.

2. Relájese y deje que las ideas acudan libremente por sí mismas.

3. Escuche y mejore las ideas de los demás.

4. Cuantas más ideas se produzcan, más ideas buenas aparecerán.

Los *brainstormings* resultan tan divertidos que podrían durar una mañana entera, pero es más que probable que a partir de las dos primeras horas las ideas empiecen a repetirse, por lo que el líder también tiene que saber cuándo darlo por terminado. Puede llegar un momento en que todo el mundo sea consciente de que la idea que se busca ya ha aparecido. Ese es el momento de acabarlo y de pasar a analizar en profundidad esa idea. La ventaja del *brainstorming* es que el trabajo en grupo suele ser superior al trabajo individual, básicamente porque el grupo aumenta el estímulo del individuo.

En 1968 fui por primera vez a un congreso mundial de publicidad, organizado por la IAA en Japón. En aquel congreso asistí a una conferencia con un título muy interesante: *El pensamiento lateral*. El nombre del ponente era Edward de Bono. La conferencia me fascinó. De Bono explicó que había un conjunto de mecanismos técnicos o procesos para estimular la emisión de ideas creativas y evitar los caminos tradicionales para solucionar los problemas. A este conjunto de mecanismos técnicos, o procesos, lo bautizó con el nombre de «pensamiento lateral».

Dos años más tarde, en 1970, asistí a un seminario de creatividad organizado por la agencia MMLB y dirigido por el profesor Edward de Bono, que tanto me había fascinado en Tokio. Su teoría ponía en cuestión el pensamiento filosófico de Sócrates, Platón y Aristóteles, que buscaban la verdad basándose en el análisis, el juicio y el debate de las ideas.

De Bono defiende en su tesis y en sus famosos libros el pensamiento lateral o paralelo (*lateral thinking*), que no pretende analizar o debatir las ideas, sino ponerlas una al lado de otra de modo que todo el mundo pueda hacer un esfuerzo creativo para mejorarlas. Pocas personas aceptan encontrar cosas buenas en ideas a las que se oponen, ni ven los peligros de las ideas que defienden. Por eso el pensamiento lateral es objetivo, mientras que la discusión no. Recuerdo que en el seminario nos propuso pensar cómo una cuchara nos podría ayudar a adelgazar; cuando dije en voz alta que haciéndole unos agujeritos para que parte de la sopa cayera de nuevo en el plato, aplaudió y dijo que eso era un ejemplo de pensamiento lateral.

Propone también el método de inversión, explicado perfectamente en este popular ejemplo: «Un rebaño de ovejas avanzaba lentamente por un camino montañoso bordeado de paredes rocosas. Un automóvil llegó detrás del rebaño y su conductor, al que apremiaba el tiempo, pidió al pastor que arrimase las ovejas a un lado del camino para que el coche pudiera pasar. Sin embargo, el pastor se negó a ello por temor a que alguna oveja no se apartara lo suficiente y fuera atropellada por el vehículo. Buscó una solución e invirtió la cuestión: solicitó del conductor que permaneciera un momento parado a un lado del camino, hizo volver atrás al rebaño y pasó tranquilamente con todas las ovejas junto al coche parado».

De Bono es asimismo autor de la teoría de los seis sombreros. Consiste en que seis personas discuten un problema y cada una de ellas se pone un sombrero de un color diferente. La del sombrero blanco (datos y hechos) ha de ser objetiva y basarse en hechos y cifras del problema. La del sombrero rojo (emociones y sentimiento) ha de ser la emocional y debe aportar los temores, el desagrado, la desconfianza, las corazonadas, su intuición, su juicio, su sentido estoico. La del sombrero negro (inconvenientes y precaución) ha de ser precavida, cuidadosa y cauta, ha de buscar los puntos débiles de las ideas. La del sombrero amarillo (optimismo y oportunidades) ha de ser optimista, eficaz y de pensamiento positivo, ha de aportar su capacidad de emprender y de generar ideas. La del sombrero verde (creatividad y provocación) ha de aportar ideas nuevas, ha de huir de las viejas y encontrar mejores. Por último, la persona del sombrero azul (visión global, control y conclusiones) debe definir el problema, cuidar la organización del proceso y responsabilizarse de los resúmenes y conclusiones.

Los sombreros proporcionan direcciones paralelas al estudio de un tema. Así cada uno defiende paralelamente lo suyo respecto a los demás. Y no es necesario que cada persona lleve siempre el mismo sombrero. Al contrario. Pueden intercambiarlo y de esa forma tomar un rol diferente. Puedo asegurar, por propia experiencia, que con esta filosofía creativa se ve el problema de una forma muchísimo más completa y resulta más fácil dar con la solución.

En 1955 la Universidad de Búfalo inició unos cursos de creatividad llamados *Creative Problem Solving,* con el objetivo de ayudar a cada persona a desarrollar su mente hasta su máximo potencial, educarla para que viva de forma eficaz dentro de un mundo en constante transformación, prepararla para que instituya modificaciones donde éstas se necesitan y dirigir los esfuerzos hacia una meta.

Este método tiene las siguientes fases, no muy distintas de las vistas anteriormente:

1. La detección de los problemas. Consiste en educar a las personas para que vean o prevean problemas a resolver.

2. La definición del problema. Albert Einstein dijo que más importante que resolver un problema es plantearlo adecuadamente. Para problemas mal definidos no hay solución efectiva.

3. La creación de ideas, basándose en las asociaciones y en las analogías.

4. La evaluación de las ideas, por descabelladas que parezcan.

5. La puesta en práctica de las ideas, ya que no todas se pueden poner en práctica de la misma manera.

En resumen, el proceso creativo es sencillo, y las técnicas de la creatividad, fáciles de aplicar. Lo difícil es atreverse a pensar cosas nuevas, ideas distintas de lo preestablecido. En definitiva, tirarse a la piscina. Pero algún día hay que hacerlo si uno quiere pertenecer a ese grupo de personas que, se llamen creativos o no, tienen la capacidad de innovar, de mejorar las cosas y de cambiar el mundo.

Durante muchos años me senté al lado de Robyn Putter en el Consejo de Ogilvy Worldwide. De hecho, yo propuse su incorporación después de pasar mucho tiempo siendo allí el único creativo. Cuando David Ogilvy se retiró, me quedé como la única voz creativa de las dieciséis que formábamos ese Consejo, y no tenía ningún sentido. Robyn era un brillantísimo creativo sudafricano, más joven que yo, y la tercera persona del mundo que ostentaba los cargos de presidente y director creativo de un país en nuestra organización. David Ogilvy fue el primero; yo, el segundo y, tal vez por eso, David me trató siempre como a un hijo; y Robyn, el tercero, hasta que a los cincuenta y nueve años un maldito cáncer se lo llevó. Cuando tomaba notas en las reuniones del Consejo lo hacía de una forma curiosa: iba poniendo palabras dentro de unos círculos que unía con una línea a otros que también contenían otra palabra o un dibujo, hasta formar una extraña red de círculos. Le pregunté qué era eso y me contestó que era su manera de tomar apuntes y de enlazar ideas que le facilitaran su trabajo creativo.

Tratando de profundizar sobre ese método, aprendí que se llamaba «mapas mentales» y que lo desarrolló el Dr. Tony Buzan, cuando dictaba conferencias sobre la psicología del aprendizaje y de la memoria, a principios de los años setenta. Los mapas mentales sirven para tomar notas y para generar ideas por asociación. Se inician desde el centro de una página con la idea principal y se trabajan hacia afuera, en todas direcciones, produciendo una estructura radial, creciente y organizada, compuesta por palabras e imágenes clave, lo que permite ordenar las ideas y saber clasificarlas, asociarlas y relacionar los conceptos. Cada elemento del mapa puede ser el centro de otro mapa y así ir creando una infinita red de conexiones.

Otra técnica creativa es el método Scamper, creado por Bob Eberle a mediados del siglo xx, que genera nuevas ideas a partir de siete acciones sobre una idea base: sustituir, combinar, adaptar, modificar, buscar otros usos, eliminar y reordenar. En inglés, *Substitute, Combine, Adapt, Modify, Put to other uses, Eliminate and Rearrange*. De ahí el nombre SCAMPER.

Una técnica creativa distinta es el método Triz, para resolver principalmente problemas tecnológicos o de una cierta complejidad. TRIZ es un acrónimo ruso de *Teoriya Resheniya Izobrietatielskij Zadach*. Genrich Altshuller, ingeniero analista de las patentes de la armada soviética, revisó en su vida más de veinte mil. Optó por catalogarlas según la forma de resolver el problema y eso le llevó a crear un método para descubrir o inventar partiendo de las pautas inventivas de las patentes industriales. Tras desarrollarlo, en 1985 publicó *Algoritmo para la Resolución de problemas de Invención* con su acrónimo TRIZ 85.

Finalmente, el método del Análisis Morfológico, creado en 1969 por Fritz Zwicky, astrónomo del Instituto de Tecnología de California, también ha demostrado su utilidad. Resuelve problemas analizando sus partes de forma aleatoria u ordenada. El Análisis Morfológico deriva de otra técnica, la de Robert Crawford, conocida como Listado de Atributos, que se basa en la constatación de que los problemas tienen diferentes aspectos o dimensiones, cada uno de los cuales ofrece distintas posibilidades de análisis.

Y aquí no acaba la historia. El trabajo creativo se ha convertido en algo tan importante que las mejores universidades del mundo siguen investigando para mejorar los procesos y las técnicas de la creatividad.

Aunque, como recuerda Francesc Miralles, la historia de la humanidad está llena de fallos que desencadenaron importantes descubrimientos. Como el error de cálculo que condujo a Colón al continente americano; la leche que trasladaban unos comerciantes búlgaros de un pueblo a otro y que, por efectos del sol, fermentó y se convirtió en lo que hoy se llama yogur; o la historia del investigador de nuevos productos de la empresa 3M, Spencer Silver, quien produjo una goma altamente defectuosa que fue aprovechada por un compañero suyo, Art Fry, para crear uno de los inventos de la papelería moderna: los *Post-it*. Sin duda, Art Fry fue más creativo y supo ver que detrás de aquel error había una posible gran idea.

5

Los frenos del pensamiento creativo

En la entrada de mi agencia había una frase escrita en una gran pared que daba la bienvenida a los clientes: «La gran idea, tan difícil encontrarla como fácil despreciarla», firmada por mí. La escribí poco después de que el nuevo director de marketing de un antiguo cliente nuestro rechazara, en menos de cinco minutos, cinco ideas que me habían tenido trabajando desde el jueves por la noche hasta el martes por la mañana, durmiendo no más de cinco horas por la noche y escribiendo cerca de dieciocho horas diarias, incluyendo todo el sábado y todo el domingo. Ese mismo día renuncié a llevar su cuenta, lo que me produjo una tristeza enorme, solo compensada, en parte, cuando supe que muy pocos meses después lo habían despedido de esa empresa. El director de marketing en cuestión había trabajado antes para una famosa multinacional que entregaba por escrito a sus directivos las normas de la casa para juzgar la publicidad y por extensión, la creatividad. Por ejemplo, si el plano final del producto no duraba cinco segundos, no se podía aprobar el *spot*. Si no se repetía la marca por lo menos tres veces, en un *spot* de veinte segundos, no se podía aprobar la campaña, y así hasta un centenar de normas que cualquier idiota podía seguir creyendo que, con ello, mejoraría la creatividad de su agencia.

La creatividad es otra cosa. No pretende hacer lo de siempre para obtener los resultados de siempre. Pretende innovar para conseguir resultados mucho mejores, en el presente y en el futuro. Pero ya se sabe, hay quien prefiere vivir sin ningún tipo de actitud creativa, y lo que es peor, frenando la actitud creativa de los demás.

Los famosos versos cantados por Serrat, «niño, eso no se mira, eso no se hace, eso no se toca», pueden acabar cercenando la inteligencia creativa de ese niño. Y ese niño puede acabar convirtiéndose en un conformista, un apático, un necio y un ignorante.

Los conformistas se limitan a repetir lo que ya saben que está más o menos bien, temen el cambio, son incapaces de innovar. Los apáticos creen que mirar más allá de sus narices no vale la pena. Los necios piensan que lo que ellos saben es todo lo que hay que saber, y que todo está inventado. Y los ignorantes son seres estáticos, incapaces de reconocer que la realidad es cambiante, que las personas evolucionamos, crecemos, no solo en altura, sino en cultura, ideas o escala de valores. En definitiva, piensan siempre lo mismo, siguen siempre los mismos procedimientos, manejan siempre las mismas herramientas, hacen siempre lo mismo. Imitan. No crean.

Creo que queda claro que el conformismo, la apatía, la ignorancia, el miedo a equivocarse, son claros frenos a la creatividad. Pero también algunas de las facilidades que nos da la vida moderna, en la que tantas y tantas cosas nos llegan ya preparadas para el consumo rápido, son frenos a la creatividad.

No hay duda de que comprar un tomate, una lechuga, una cebolla, una zanahoria y cuatro hierbas provenzales estimula más la creatividad que comprar una ensalada ya preparada. Y no digamos los platos congelados, que con unos minutos de microondas están listos para comer, aunque para saber lo que se está comiendo haya que leer la etiqueta. Yo no soy cocinero, pero trato de desayunar, comer y cenar lo que me conviene, y si puede ser, preparado de forma diferente cada día.

Por otra parte, veo a mis nietos jugar en el ordenador una partida y otra, siguiendo unas instrucciones, unas reglas. Pero ¿dónde está la imaginación que desplegábamos nosotros cuando con un palo en la mano a modo de espada defendíamos nuestro reino imaginario de los enemigos? Derrochábamos imaginación a raudales. Ahora los que derrochan imaginación son los creadores de juegos de ordenador, no los niños que juegan con ellos. Nos dan las cosas demasiado hechas. No me gusta la imaginación creada. Prefiero crear la imaginación.

Sir Michael Atiyah, uno de los padres de la matemática contemporánea, hace unas interesantísimas reflexiones acerca de algunos frenos y nos brinda unos magníficos consejos a través de una entrevista con Lluís Amiguet en la «contra» de *La Vanguardia*: «Si te dicen que tengas una respuesta para mañana, no la tendrás, pero si te dan un mes es muy posible que la tengas mañana»; «Trabaja mucho primero y diviértete mucho después. Las grandes ideas llegarán cuando estés relajado. Pero ni antes, ni después, te fuerces a conseguir nada por obligación: hazlo todo por ilusión y los problemas más difíciles se convertirán en divertidos juegos. Esfuérzate, pero no te fuerces ni te estreses, ni te dejes presionar, la creatividad siempre llega del brazo de la libertad. Crear no es tanto focalizarse como abrir el foco»; «El camino más corto para crear es un largo rodeo».

6

Algunas reflexiones de mi vida personal creativa

Yo no nací creativo, pero desde muy pequeño descubrí lo que era la creatividad, algo muy apreciado hoy, pero denostado en otros siglos: Galileo Galilei fue denunciado y enviado a prisión; Giordano Bruno, científico anterior a Galileo, fue quemado en una hoguera; Vincent Van Gogh vendió un solo cuadro en su vida, a su hermano; y Freud, Darwin, Gandhi, Keynes y otros grandes creativos no fueron tomados en consideración hasta mucho tiempo después de sus descubrimientos o de su trabajo.

Cuando yo tenía doce años mis padres me llevaron a ver una película llamada *Cheaper by the Dozen*, que en España se tradujo como *Trece por docena*. Era la historia de un matrimonio que tenía doce hijos. La madre se ocupaba de la casa y el padre trabajaba en una empresa de automóviles, intentando perfeccionar los sistemas de producción. Ambos educaban conjuntamente a los hijos, y el padre siempre utilizaba en casa sistemas como los que usaba en la fábrica, para mejorar el funcionamiento de la familia. Recuerdo una escena que me impactó especialmente. El padre, cuyo papel interpretaba el famoso actor Clifton Webb, se abrochaba el chaleco de arriba para abajo mientras su mujer le cronometraba. Tardaba siete segundos. Entonces, tras desabrocharlo, lo volvía a abrochar de abajo para arriba y se sorprendía cuando ella le decía que así solo tardaba cinco segundos. Es decir, lo hacía más rápido si se lo abrochaba al revés que todo el mundo: de abajo para arriba.

Esa película me hizo pensar que muchas cosas de mi casa podrían mejorarse. Cuando le preguntaba a mi madre por qué se hacía algo de una determinada manera, me contestaba: «Porque siempre se ha hecho así». Si insistía, me respondía: «Porque mi madre, tu abuela, ya lo hacía así».

Dice el filósofo José Antonio Marina que la tradición nos mata porque se convierte en ancla que nos amarra al pasado, en vez de ser trampolín que nos proyecta al futuro. Yo, que desde niño me he preocupado más del futuro que del pasado, hice a esa edad mi primer acto consciente de rebeldía al decidir que intentaría hacer siempre las cosas de la manera que resultaran mejor, prescindiendo de si antes se habían hecho de esa manera o no.

La película *Cheaper by the Dozen* me había enseñado a tener un pensamiento diferente, me hacía estar en una constante observación de mi alrededor para pensar cómo mejorarlo. Con esa idea en la cabeza me senté un día a pensar por qué los edificios como en el que yo vivía tenían que tener habitaciones interiores. El piso de mi familia daba por un lado a la calle y por el otro al jardín de un colegio de monjas. Pero el baño, el aseo, la cocina y dos dormitorios daban al edificio vecino que, por suerte, en nuestro caso era una iglesia que no llegaba a la altura del cuarto piso, así que también por ese lado teníamos buena vista, sol de mañana y ausencia de vecinos. Sin embargo, en muchos otros casos, muchísimos, un edificio como el nuestro daba a otro similar y formaban entre los dos un pequeño patio interior, donde esos dos dormitorios, el aseo, el baño y la cocina hubieran dado a los de la casa de al lado. Yo, que nunca he sabido dibujar bien, me agencié una hoja de papel y dibujé la planta de nuestro piso. Entonces, cogí un compás y en una circunferencia del mismo tamaño fui colocando todas las habitaciones, los baños, el comedor-salón y la cocina, de modo que todo fuera exterior. Y para saber si esos edificios cilíndricos, en los que el ascensor estaría en el centro rodeado por una escalera de caracol, cabrían en la manzana donde vivíamos, igual que cabían los rectángulares que había entonces, bajé a la calle y los conté. Luego hice un dibujo de la manzana y coloqué tantos círculos como edificios había contado. Fue una maravillosa satisfacción comprobar que sí cabían, y que todas las dependencias de las casas podían dar al exterior.

Muchos años después, el extraordinario arquitecto Antonio Coderch diseñó y construyó los edificios Trade de Barcelona, al lado de El Corte Inglés de la Diagonal, con un principio casi idéntico. Eran edificios de oficinas y todas daban al exterior. No eran totalmente circulares, pero el concepto era exactamente el mismo, y me sentí muy feliz al ver que a mí se me había ocurrido una idea similar. Lástima que nunca pude llevarla a la práctica porque mi profesor de dibujo me desaconsejó estudiar Arquitectura, diciéndome que yo jamás pasaría el dificilísimo examen de dibujo que entonces se hacía para poder entrar en la facultad. Y mira por donde, me he ganado la vida en una profesión tan creativa como la arquitectura, y en la que también se utiliza muchísimo el dibujo y la dirección de arte, pero en la que un creativo redactor tiene un papel igualmente importante.

Al acabar el colegio y comenzar la universidad a los diecisiete años, decidí empezar a ganarme la vida. No porque mi familia no pudiera pagarme los estudios, sino porque yo quería comprarme una moto y fumar, y mi padre no quería que yo hiciera ninguna de las dos cosas. Por eso decidí empezar a trabajar mientras estudiaba.

En el año 1958 acepté un trabajo como vendedor de televisores Marconi, que me permitía vender por la mañana e ir a la universidad por la tarde. Tras un día de formación, sí, un día, me dieron una zona de Barcelona para vender esos televisores a domicilio. En los dos primeros días llamé a un montón de puertas. A todos les interesaba un televisor, pero nadie estaba dispuesto a pagar por él 120.000 pesetas, casi el doble de lo que entonces valía entonces un Seat 600. Una mañana, tras varias visitas, entré en un bar a tomar un café. Mientras lo tomaba, le pregunté al dueño qué tal le iba el negocio. Me comentó que lo tenía lleno durante toda la semana, pero que el sábado, y especialmente el domingo, no había manera de llenarlo. En ese mismo momento se me encendió la bombilla, tuve mi primera idea comercial: le dije que en ese barrio no había nadie que tuviera un televisor en casa y que, si él ponía uno en el bar, yo le haría unas tarjetas que depositaría en los buzones de toda la zona, invitando a los vecinos a disfrutar del partido del domingo, con el único compromiso de tomar una consumición. Me aceptó la prueba y el éxito fue espectacular. Desde aquel primer domingo, con un televisor en su bar, nunca más tuvo problemas de clientela y el consumo no fue un simple café, sino también bocadillos y cervezas. Nunca más visité un domicilio y me concentré exclusivamente en bares. Así pagué no solo mi primer año de carrera, sino una moto Vespa y todo el tabaco que quise fumar. (La moto me duró tres años y el hábito de fumar, hasta que cumplí treinta y uno, cuando por suerte lo dejé.)

Mis cinco años de universidad, uno de Derecho y cuatro de Económicas (no existía entonces la carrera de Publicidad), me permitieron trabajar, siempre como vendedor, en cinco empresas diferentes, y en todas ellas antes de actuar intenté pensar y encontrar la idea que me permitiera vender mejor cada uno de los productos.

Luego tuve la suerte de hacer un posgrado en la Escuela de Administración de Empresas, ubicada en la

Escuela de Ingenieros, donde se estudiaba publicidad, investigación de mercado, psicología comercial, etc., para completar la formación de los ingenieros que quisieran dedicarse a la dirección de empresas. Yo, que fui un buen estudiante en el colegio, pero no en la universidad —tal vez porque no me interesaba lo que estudiaba—, en ese máster obtuve todos los honores: todo sobresalientes, dos matrículas de honor y dos ofertas de empleo, que rechacé para cumplir mi sueño: abrir una agencia de publicidad.

Pero las ideas no son solo para la publicidad. El pensamiento creativo permite conseguir cosas que de otra manera sería imposible. Un día vinieron a mi casa unos amigos con su hijo pequeño, que acababa de ser operado de estrabismo. Todo había ido bien, pero les preocupaba que llevara tres días sin abrir los ojos. Se negaba a hacerlo por ese temor al dolor tan instintivo y tan humano, pero era vital que lo hiciera cuanto antes para favorecer la cicatrización. Nada más contármelo, cogí al niño de la mano y le dije que me acompañara porque le quería enseñar una maravillosa moto, de color rojo, que me acababa de comprar. Con los ojos cerrados, José M.ª Usandizaga, que así se llamaba aquel niño, entró conmigo en el ascensor, bajamos al garaje y al plantarnos delante de la moto, le dije: «Ésta es. ¿Preciosa, verdad?». En ese momento abrió los ojos, mientras los padres, que llevaban tres días insistiéndole para que los abriera sin conseguirlo, no daban crédito a lo que veían. Su ilusión por ver mi moto le hizo superar el miedo que le había obligado a vivir a ciegas tres largos días. Siempre he creído que es mejor motivar que ordenar, y esta filosofía la he empleado en publicidad y también en el trato con la gente. Creo que es mucho mejor dirigir motivando que ordenando.

Unos años después, cuando mis hijas tenían nueve y ocho años, llegaron un día a casa tremendamente tristes. Les pregunté qué les pasaba y me dijeron que en el colegio les habían prohibido ver la televisión porque era muy importante que leyeran. Entonces les dije: «Hijas mías, en nuestra casa nada está prohibido, todo puede hacerse si lo hablamos primero. ¿Os gustaría ver la televisión todos los días, todo el rato que queráis? Pues bien, podéis hacerlo con una sola condición: que antes hayáis leído el mismo tiempo. Es decir, si queréis ver la televisión durante media hora, leéis primero media hora y luego podéis ver la televisión. ¿Que un domingo queréis ver la tele tres horas? No hay problema. Por la mañana, leéis tres horas y por la tarde veis la televisión todo ese tiempo». No hace falta que les diga que mis hijas se convirtieron en las mejores lectoras de su clase. Un día, años después, me presentaron a la entonces ministra de Cultura, Carmen Alborch. Cuando le di la mano me replicó rápidamente: «¿Bassat? ¿Tú eres el que ha inventado ese maravilloso método para que los niños lean más?». Sorprendido, le pregunté que cómo lo había sabido. Entonces me explicó que en varios colegios de Madrid lo estaban ya aplicando, y que lo habían adoptado del Liceo Francés, el colegio al que mis hijas iban en Barcelona.

Vivir con actitud creativa no es fácil. De hecho es más cómodo estar conforme con todo e ir transitando por la vida dejándose llevar. Pero no hay comparación. Es mucho más apasionante ir pensando continuamente qué se puede mejorar, cómo se puede hacer cualquier cosa mejor, desde unas vinagreras hasta un automóvil. Dice José Antonio Marina: «La actitud creadora no es prerrogativa de unos pocos, sino modo de vida accesible a todo el mundo. No se trata de que todos escribamos un soneto o pintemos un cuadro, sino de que en las cosas más comunes encontremos elementos dignos de ser apreciados». La actitud creativa requiere una buena formación. Es difícil que se nos ocurra una buena idea para mejorar un automóvil si no sabemos cómo funciona uno actual. Y sobre todo requiere una capacidad de autocrítica importante. No todo lo que se nos ocurra ha de ser necesariamente bueno.

Hace un tiempo iba andando hacia mi casa, cuando, al atravesar la calle Bori i Fontestà, pensé que, si en vez de ser de una sola dirección fuera de dos, todos los coches que bajaran desde la parte norte de Barcelona por los alrededores del Turó Parc podrían pasar por allí, en vez de tener que llegar hasta la Diagonal para girar hacia la derecha. De esta manera se ahorrarían una vuelta y el tráfico de la Diagonal se reduciría. Al llegar a casa, escribí al Ayuntamiento de Barcelona con estas conclusiones. No me contestaron, pero al poco tiempo Bori i Fontestà se había convertido en una calle de doble dirección, con lo que cada vez que paso por ella me acuerdo de que soy el «culpable» de que ahora el tráfico vaya algo mejor.

Ir con actitud creativa por la vida implica simplemente pensar, y pensar es gratis como dice mi amigo Joaquín Lorente. Si cada uno de ustedes, queridos lectores, piensa cómo mejorar su actividad diaria, desde por dónde atraviesa una calle, si el paso de peatones está en el sitio adecuado o no, si el semáforo verde para atravesarla dura lo suficiente o no, si hay papeleras en el recorrido, etc., seguro que encontrará alguna cosa que mejorar en su ciudad o en su pueblo. Porque, en definitiva, nadie conoce mejor una ciudad o un pueblo que quien transita todos los días por sus calles, con los ojos abiertos y la mente despierta. También en el trabajo de todos los días podemos plantearnos tener una actitud creativa, como la de aquel simple oficinista que necesitando unir varios papeles dobló un pequeño alambre y lo convirtió en algo que hoy usamos todos: el clip. La primera patente para un objeto similar fue de Samuel B. Fay en 1867, para sujetar etiquetas en prendas textiles. Diez años más tarde, Erlman J. Wright patentó el primer objeto explícitamente diseñado para sujetar papeles, similar al modelo actual.

Quiero insistir en que todo es mejorable. En el tiempo que trabajé en Nueva York comprobé que, además de hacer muchas cosas bien, también hacían algunas muy mal. Por ejemplo, las oficinas estaban todas enmoquetadas y tenían esas sillas con ruedas que en su día se inventaron para que la persona sentada pudiera moverse dentro de su espacio de trabajo. Sin embargo, el problema era que «rodar» por la moqueta resultaba muy difícil. La solución que encontraron fue claramente mala: pusieron encima de la moqueta una plancha de plástico duro y transparente sobre la que las sillas circulaban bien, ¡siempre y cuando no te salieras del cuadrado de ese dichoso plástico! En mi oficina de Barcelona el suelo es de parquet. Es tan agradable o más que cualquier moqueta y, por descontado, más limpio. Pero su mayor ventaja es que ya no solo mi silla, sino la de la persona que se sienta delante de mí, o las de las personas que puede haber alrededor de una mesa de juntas, se desplazan con una facilidad enorme, sin que nadie tenga que levantarse si no lo desea.

Dicen que la perfección está en los detalles, y yo reconozco que soy un perfeccionista. Tal vez por ello también un creativo, porque me gustaría que todas las cosas fueran lo más perfectas posibles. Cuando hablaba de vinagreras no lo decía porque sí. Mi amigo el diseñador Rafael Marquina, fallecido recientemente, diseñó las mejores vinagreras del mundo, que además se pueden comprar a un precio muy razonable. ¿Qué tienen de especial? Pues que no necesitan un tapón y, si gotea un poquito de aceite o de vinagre, cae dentro de la propia vinagrera, ya que el cuerpo de ésta se abre como un embudo debajo del elemento que vierte el líquido. También Rafael Marquina era un perfeccionista, y le debía molestar sobremanera que la gota del aceite o del vinagre cayera donde no tenía que caer.

La actitud creativa no implica necesariamente diseñar algo o fabricarlo, implica solamente pensarlo y, en todo caso, comentarlo con el profesional que sí lo puede hacer. Yo no cambié la dirección de la calle Bori i Fontestà, lo hizo la persona adecuada del Ayuntamiento. Pero no por no ser diseñador, arquitecto, ingeniero o constructor, hay que dejar de pensar. En el despacho, en la fábrica, en la calle o en casa, todo es mejorable.

Tal vez por eso dicen que a la hora de escoger una vivienda las tres cosas más importantes son la ubicación, la ubicación y la ubicación. Porque si ésta es mala, es imposible mejorarla, pero todo lo demás sí puede perfeccionarse. Por ejemplo, la seguridad de la puerta de entrada. Hoy en día hay cerraduras que no solo cierran por donde siempre, lateralmente, sino que también cierran verticalmente, por arriba y por abajo. Y no digamos la cocina, donde nuevos materiales e innovadores diseños de armarios y cajones permiten optimizar hasta el último rincón. El cuarto de baño es otro de los lugares fáciles de mejorar. ¿Cuántas veces nos duchamos al año y cuántas nos bañamos? Estoy harto de ver en casas de amigos míos que en sus cuartos de baño hay una bañera, y cuando les hago esa misma pregunta me responden que solo se duchan. Es decir, todos los días tienen que levantar una pierna y después la otra para entrar en la bañera, que suele ser resbaladiza, y ahí dentro, de una forma relativamente estrecha, se duchan. Y es tan sencillo como quitar la bañera y sustituirla por una ducha de su mismo tamaño, con lo cual uno tiene en su casa una ducha de hotel de cinco estrellas, amplia, completa y, por descontado, mucho más segura que una bañera. Me podrán decir: «¿Y si un día me quiero bañar?». Pues yo prefiero renunciar a ese baño de un día y ducharme bien 365 días.

Podría estar hablándoles de todo lo mejorable en una ciudad, en un despacho o en una vivienda, pero este capítulo sería interminable, y aquí pretendo utilizar nada más que algún ejemplo de lo que es la actitud creativa de una persona normal, no necesariamente de un creativo profesional. Y digo «profesional» porque, como seres humanos, todos somos creativos. Solo hay que pensar y, como en el caso de la ducha y la bañera, decidir qué nos conviene más.

El destacado pensador Mihaly Csikszentmihalyi, al que ya he hecho referencia anteriormente, concluye que la actitud creativa no es la única responsable del progreso. Son también imprescindibles los conocimientos y los mecanismos sociales que reconocen y difunden sus innovaciones. Para entender la creatividad no basta con estudiar a los individuos que parecen directamente responsables de una idea novedosa o una cosa nueva. Su contribución, aunque necesaria e importante, es solo un eslabón en una cadena, una fase en un proceso. Decir que Thomas Edison inventó la electricidad o que Albert Einstein descubrió la relatividad es una simplificación práctica. Satisface nuestra vieja predilección por las historias fáciles de comprender y que hablan de héroes sobrehumanos.

Pero los descubrimientos de Edison o Einstein serían inconcebibles sin los conocimientos previos, sin la red intelectual y social que estimuló su pensamiento, y sin los mecanismos sociales que reconocieron y difundieron sus innovaciones.

Finalmente, José Antonio Marina escribe: «Nada está acabado. La realidad entera está ahí esperando a ver lo que hacemos los humanos con ella, qué posibilidades descubrimos. Todo se puede pensar de otra manera, decir de otra manera, amar de otra manera».

7

Los caminos creativos
de la publicidad

Si en algo he trabajado ininterrumpidamente en mi vida profesional es en el reconocimiento, definición y práctica de los caminos creativos. Es la tesis de mi vida profesional como creativo publicitario. Y las tesis pueden actualizarse, pero no cambiarse. Por eso me he permitido retomar lo que escribí en *El Libro Rojo de las marcas*, del que recomiendo encarecidamente su lectura, y actualizarlo; aunque bien poca actualización he podido hacer porque sigue, y creo que seguirá por muchos años más, perfectamente vigente.

La primera vez que tomé contacto con los caminos creativos fue cuando presenté mi primera campaña a Cinzano. Su director general, Julio Hernández de Lorenzo, un ingeniero extraordinariamente inteligente, me preguntó: «¿Es ésta la mejor campaña posible para mi marca en esta situación de mercado?». Le contesté que era una excelente campaña, que cumplía perfectamente bien el *briefing*, pero que, honestamente, era imposible asegurar que fuera la mejor campaña, sin saber cómo serían todas las demás. «Pues eso es exactamente lo que quiero que hagas: vuelve a la agencia, analiza todas las alternativas y cuando puedas contestar afirmativamente a mi pregunta, te recibiré de nuevo», me emplazó.

Regresé a la agencia, pero en vez de deprimirme, pensé que se abría una gran oportunidad ante mí. Consulté todos los libros de publicidad que tenía. Creo recordar que eran solo diecisiete. Empecé por *Confesiones de un publicitario* de David Ogilvy y comprobé que hablaba de la demostración, de los testimoniales famosos, del humor y algo de la música. En total, en los diecisiete libros encontré siete caminos creativos distintos. Me puse manos a la obra e intenté hacer una campaña por cada uno de ellos. No salieron siete campañas. No encontré, por ejemplo, ninguna demostración válida, pero al cabo de pocas semanas Julio Hernández de Lorenzo tenía sobre su mesa todas las alternativas que aquella situación de mercado aconsejaba para su marca. Escogimos la que nos pareció mejor. Él me agradeció el trabajo y me correspondió con su confianza y su amistad, que duró hasta el final de su vida. Y yo descubrí una nueva manera de afrontar la creatividad publicitaria.

Desde entonces, no he dejado de estudiar los caminos creativos de la publicidad. Creo que puedo afirmar que he visto cerca de cien mil *spots* publicitarios en mi vida. Y desde entonces, lo he hecho siempre con un papel y un lápiz en la mano. Tanto en el Festival de Cannes, al que intento asistir cada año, como en el Clio, en el de Nueva York, o en el de San Sebastián, que ahora se hace en Bilbao, cada vez que veo una pieza publicitaria, trato de sintetizar en una o dos palabras el camino o los caminos creativos que sigue. Así, por ejemplo, escribo en el catálogo, junto a la ficha de cada una de ellas, «demostración» o «analogía» o «testimonial famoso con humor» o «trozo de vida más emoción», etc. Pues bien, en todas esas campañas, e incluso en todas las de Ogilvy & Mather del mundo entero, y también en las de las productoras que me enseñan continuamente sus bobinas, no hay más que veinte caminos creativos básicos.

Evidentemente, la creatividad mundial no responde solo a veinte patrones; en realidad es infinita, como infinitas son las múltiples combinaciones de partes de cada uno de esos caminos creativos en cada anuncio. Sucede igual que en la química. Hay solamente 118 elementos químicos básicos en nuestro planeta, pero si combinamos, por ejemplo, dos partículas de uno de ellos, el hidrógeno, con una de otro, el oxígeno, tenemos un tercer elemento, el agua, que es totalmente distinto a los dos anteriores, pero que ya no es básico. En publicidad es posible combinar de mil maneras esos caminos creativos básicos.

Debo decir, también, que la creatividad publicitaria es algo tan dinámico que descubre de vez en cuando caminos nuevos, y olvida o deja en desuso alguno de los antiguos. Por eso, a lo largo de mi vida, he hablado de los diez, quince o veinte caminos creativos de la publicidad.

Ahora me gustaría hacer una nueva distinción: hay caminos creativos que usan básicamente la razón, tanto del creativo como del receptor del mensaje, otros que apelan fundamentalmente al impacto emocional y a la sensibilidad, y un tercer grupo que usa la inteligencia y la complicidad del espectador, es decir, que fomenta la proactividad. Pero, insisto una vez más, es posible combinarlos de tantas maneras diferentes que es perfectamente realizable un anuncio racional con un gran componente emocional y que obtenga la complicidad del espectador.

Caminos creativos básicamente racionales

1. Origen, historia del producto o de la marca

El origen del producto es uno de los recursos más utilizados en publicidad. Los viñedos, la vendimia, son todos ellos tópicos a los que se ha recurrido repetidamente, cada vez que se ha tenido que hablar de un vino o una bebida alcohólica.

Utilizar este camino puede, en muchas ocasiones, ayudar a construir la marca. Aunque también hay que reconocer que no siempre los consumidores están interesados en conocer el origen del producto. Esto valdrá solamente en aquellos casos en los que el origen sea una ventaja o un beneficio claro para el consumidor. Martell, en Asia, muestra continuamente sus viñedos franceses y el *spot* japonés del whisky americano Jack Daniel's utiliza música country. El Banco Wells Fargo utiliza todavía la imagen de la diligencia que lo hizo famoso. También Levi's ha encontrado un extraordinario filón en el origen o la historia de su producto, para construir su marca.

La historia del producto es una variante de este camino, solo que en vez de analizar de dónde viene el producto, analiza con mayor detalle cuál es su historia a lo largo del tiempo. Por eso en algunos países se llama a este camino «mirando para atrás», para vender el presente y construir el futuro. En una ocasión, utilizamos este camino creativo para el lanzamiento de un nuevo producto de Purina, Dog Chow Excellent: el antes y el después de las comidas para perros. En 1934 los perros parecían estar cansados de comer los restos de las comidas de sus amos. En 1959 Purina revolucionó la alimentación para perros con Dog Chow, la primera comida seca para perros. Y en 1995 presentó la nueva generación de su producto con Dog Chow Excellent.

En Estados Unidos, el café Maxwell House utiliza su historia en paralelo a la historia de América. Ford realizó, por su parte, en Gran Bretaña, una campaña antológica de la historia de la marca, camino que han seguido más recientemente Porsche y Mercedes.

La mayoría de veces, a nadie le interesa conocer de qué productos químicos está compuesto un determinado detergente. Aunque en ocasiones se le ha dado la vuelta y, encontrándole una novedad a esos componentes, se explica a los consumidores por qué las partículas de color azul producen una mayor blancura o por qué las de otro color suavizan la ropa.

Alguna vez, los ingredientes del producto han sido la clave para venderlo y construir una marca con humor. Un ejemplo extraordinario son los *spot*s de la marca de pizzas Caesar's, con su popular «*more cheese, more toppings*». Uno de ellos, tal vez el más gracioso, representa una investigación que están realizando en Estados Unidos, para saber si a la gente le gustaría que las pizzas Caesar's llevaran más queso y más ingredientes, como salami y otros. Vemos en el *spot*, rodado con un gran sentido del humor, a un montón de grupos diferentes: niños, pensionistas, militares, y hasta un grupo de orangutanes, levantando todos la mano en señal de aprobación. Por eso, a petición popular, las pizzas Caesar's llevan ahora más queso y más ingredientes.

2. Problema-solución

En Barcelona, en la calle Aribau, había una tintorería llamada Charlot. A ambos lados de la puerta, tenía colgados unos óvalos con ilustraciones de los años treinta. En el de la izquierda se veía un señor con el traje arrugado y el sombrero sucio. La frase rezaba: «Antes de entrar en casa Charlot». En el de la derecha se veía al mismo señor con el traje planchado y el sombrero limpio, y el mensaje decía: «Al salir de casa Charlot». Eso era exactamente una muestra del camino creativo problema-solución, uno de los caminos por excelencia y tan antiguo como la misma publicidad. Sigue siendo el más efectivo cuando realmente existe un problema y el producto ofrece una verdadera solución. Dicen que detectar un problema es el primer paso para resolverlo, lo que a pesar de ser cierto no debe confundirnos y llevarnos a prestar más protagonismo al problema que a la solución.

Uno de los *spot*s que siempre recuerdo cuando hablo de este camino creativo es el de aquellos padres americanos que están en casa, despidiendo a su hija que va a salir de noche, tal vez por primera vez, con un chico joven que ha dejado su coche aparcado fuera, bajo una fuerte lluvia. El problema, la intranquilidad, se ve en la cara de los padres, hasta que el padre le dice al chico: «*Do me a favor, will you? Take my Volvo*» (Hazme un favor, ¿quieres? Coge mi Volvo). Está clara la solución al problema. Pero tal vez, el mejor de la historia es el de Alka Seltzer, un producto digestivo que justamente es necesario solo cuando aparece un problema. Simulaba el supuesto rodaje del *spot* de una salsa picante, en el cual un italiano humilde, cenando en camiseta, elogiaba con un entusiasta «*mamma mia*» el sabor de unas albóndigas picantes. Después de cincuenta y nueve tomas fallidas, en cada una de las cuales había probado un bocado de albóndigas, el actor estaba al borde de la indigestión y la expresión de su rostro no era precisamente de apetito. Una pequeña pausa tomando Alka Seltzer era la solución. El actor volvía a iniciar sus frustrados intentos de exclamar el eslogan con la misma ilusión del primer bocado.

Este camino tiene infinidad de variantes, como mostrar un problema no solucionado por no usar el producto, o proponer un producto que no soluciona el problema, pero lo hace más llevadero.

La campaña de los puritos Hamlet ha seguido, con gran éxito, esta fórmula en Inglaterra ¡durante veintidós años!, hasta que la ley prohibió la publicidad de tabaco en televisión. Cuando un fumador se encontraba con un pequeño contratiempo o un impedimento, encender un Hamlet le hacía tomarse ese problema con un poco más de tranquilidad o filosofía. El cigarrillo le daba una cierta serenidad que le permitía afrontar el problema de una manera menos traumática. Esta campaña, que ha seguido fundamentalmente este camino creativo y no otro durante veintidós años, tuvo tanto éxito que, cuando la ley prohibió la publicidad de tabaco en televisión, la agencia le dio un último servicio al cliente y le propuso editar un vídeo con los mejores *spot*s realizados. Y nada puede impedir a un ciudadano ponerse en su casa anuncios de tabaco. El vídeo tuvo un gran éxito. Aunque a muchos les parezca increíble, la gente pagó unas cuantas libras por un vídeo que solo contenía *spot*s publicitarios, eso sí, de una de las campañas mejores de la historia.

El problema-solución combinado con humor ha dado resultados tan divertidos como el *spot* en el que se ve a una soprano de edad muy avanzada cantando con voz cazallosa el *Happy Birthday* a la marca de refrescos Solo. Interrumpe su canto y bebe un trago de Solo. Después sigue cantando con la misma voz insoportable, mientras aparece la frase: «Solo, el refresco que lo único que soluciona es la sed».

3. Demostración

Muchas veces, la mejor manera de contarle al consumidor lo que necesita consiste en demostrarle, de manera clara y explícita, las ventajas del producto, sus características, funcionamiento, aplicaciones prácticas, beneficios, etc. Una demostración es la prueba visual de que el producto funciona, algo básico para convencer y vender. Hay taladradoras que taladran y lo vemos de una manera evidente. Y hay pegamentos que pegan con una rapidez tremenda. Hay infinitas demostraciones de lo que un producto es capaz de conseguir. Como el Audi que sube por una rampa de salto de esquí o el BMW descapotable que aguanta encima de su parabrisas ¡otro BMW!

Lo que el usuario puede hacer con el producto es también un tipo de demostración. Como en aquel *spot* en el que una pareja va en coche por una carretera solitaria y le falla el motor. Se para a ayudarles un chico joven que se saca sus Levi's y los utiliza para que su coche pueda arrastrar al averiado. Consiguiendo, naturalmente, que la chica se siente con él.

Los productos hacen cosas extraordinarias por sus dueños. Un coche Mercedes, por ejemplo, cae por un gran barranco y demuestra realmente que, gracias al cinturón de seguridad y a la seguridad del propio coche, el conductor sale con vida.

Vemos, pues, que existen demostraciones positivas (lo que el producto hace) o negativas (lo que puede evitar).

Hallar la chispa que desmarque un *spot* de «los del montón» es siempre garantía de mayor memorabilidad. Un anuncio televisivo de pelotas de tenis de la marca Penn llevaba a las máximas consecuencias esa premisa. Tenía los ingredientes esenciales de toda demostración, con un lanzamiento simultáneo desde lo alto de un rascacielos de varias pelotas Penn, para que se comprobara como todas ellas rebotaban exactamente a la misma altura y el mismo número de veces, muestra de uniformidad y calidad de la marca. La guinda venía de la mano del humor. La cámara enfocaba de nuevo a los científicos en lo alto del rascacielos, que decían: «Veamos ahora lo que sucede cuando lanzamos a nuestro competidor». Lo que acompañaba estas palabras no era el previsible lanzamiento de otra pelota de tenis, sino que lanzaban directamente a un hombre —el competidor, claro— de cabeza al vacío. Sin duda, una exageración sobre lo que algunos fabricantes desearían hacer con sus competidores, que hacía inolvidable la demostración de Penn y su carácter probablemente más duro que el de las pelotas que promocionaban.

«En el tiempo que dura este anuncio, Knorr prepara una sopa instantánea.» Éste fue el concepto que preparamos para que Knorr presentara unas sopas instantáneas individuales que requerían solo veinte segundos de preparación. Con el televisor como notario de la realidad, no había que hacer demasiadas florituras. Tan solo demostramos que en esos poquísimos segundos que dura un *spot*, se podían seguir todos los pasos que conducían desde el sobre de Knorr hasta la primera cucharada de sopa. En el justo tiempo. Cuando hay algo importante que demostrar, sobran más explicaciones. El *spot* dejaba las cosas claras, y la sopa en su punto.

4. COMPARACIÓN

Cuando mi hija mayor tenía cinco años nos pidió que la lleváramos a esquiar. Fuimos a una estación de esquí y el primer día la apuntamos a un cursillo para principiantes. Mi mujer y yo decidimos aprovechar el tiempo y probar por primera vez las sensaciones del deporte blanco. Alquilamos los esquíes, pero nos aconsejaron comprar las botas. Entramos en una tienda de material deportivo y nos atendió una vendedora que sabía muy bien lo que se hacía. Tras advertirle de que no habíamos esquiado nunca nos empezó a enseñar modelos de botas. Yo era perfectamente consciente de que las botas de esquí debían impedir cualquier movimiento del pie, pero tras probarme los dos primeros modelos, pensé que jamás podría soportar ese dolor. El tercer par no me apretaba de la misma manera, pero seguía sintiéndome incómodo. La vendedora, con una gran paciencia y profesionalidad, hizo la pregunta precisa para solucionar el problema: «¿Lleva algún otro tipo de botas que necesiten ajustarse al pie?». Le dije que sí, que usaba botas para hacer trial con mi moto de montaña. Entonces me pidió que las comparara: «¿Diría que éstas le aprietan mucho más? Piense que las botas de esquí han de ir un poco más ajustadas». Le contesté que no había comparación, que las de trial eran infinitamente más cómodas. Entonces me hizo probar un cuarto y finalmente un quinto par, que en comparación no solo con los cuatro anteriores, sino también con las botas de trial, me ajustaba razonablemente bien.

Aquella noche, con el insomnio producido por las caídas de mi primer día en la nieve, reflexioné sobre la importante pregunta de la vendedora para ayudarme a escoger mejor mis botas. Me levanté y escribí un artículo que titulé «La comparación en la publicidad». De ello hace ya un montón de años, pero creo que aún sigue vigente y actual. Pensé que si la comparación me servía a mí, consumidor, para decidir sobre un producto, también podía servir en publicidad. Al volver al despacho empecé a estudiarla con todo el interés, y creo que he sido uno de los grandes defensores que ha habido en España de este camino creativo, aun cuando estaba prohibido. Porque creo que lo que es bueno para el consumidor, lo que le ayuda a decidir, es bueno para la marca. Siempre y cuando se haga en las apropiadas circunstancias y con el debido y lógico respeto.

Persigue fundamentalmente un cambio de actitud en el consumidor, a favor del producto anunciado. Sabido es que el consumidor, cuando compra un producto de valor, lleva en la cabeza un repertorio de marcas, que conocemos como *short list*, entre las que elige una favorita para ir comparándola gradualmente, y por parejas, con el resto de la lista. Conocido este comportamiento habitual del consumidor, el reto de toda marca es doble: en una primera fase, acceder a esa privilegiada *short list*, y una vez en ella, conseguir posicionar esa marca como líder o favorita.

Optar por la comparación puede ser muy útil. Porque anticipa ese proceso comparativo que inevitablemente efectuará el consumidor en el punto de venta. La comparación ofrece una gran diversidad de variantes. En España lo habitual es utilizar este camino para comparaciones de un producto con la competencia en general, lo que requiere una enorme seguridad en la ventaja diferencial para anunciarla como algo que no tiene ninguna otra marca.

En nuestra agencia conseguimos movernos «como pez en el agua» usando este camino para un *spot* de lavadoras. Mientras la imagen mostraba un plano fijo de dos lavadoras, cada una de ellas con una pecera encima, la voz en *off* pronunciaba un argumento de venta en unos momentos en que todavía la mayoría de lavadoras centrifugaban ocasionando pequeños terremotos domésticos:

«Las nuevas lavadoras Philips funcionan silenciosamente y sin vibraciones. Incluso en el centrifugado. Por eso muchos las eligen». Justo en ese momento, el pez que estaba sobre la lavadora de la competencia saltaba a la pecera de la lavadora Philips.

La comparación no significa compararnos solo con otras marcas. También podemos compararnos con una competencia indirecta. Cuando nos planteamos la campaña de los productos dietéticos de Nestlé Slender decidimos inclinarnos por una comparación que definía muy bien lo que queríamos expresar. La información médica nos decía que si sustituíamos una comida normal por unas barritas de Slender, se perdían seiscientas calorías. Así que buscamos algún ejercicio físico con el cual se perdiera un número aproximado de calorías. Y encontramos que pedaleando fuertemente durante veinte minutos perdías las mismas seiscientas calorías. Días más tarde el anuncio salía en televisión.

La comparación puede hacerse también con una versión anterior del mismo producto o de la misma marca. Volkswagen lo hizo con éxito para presentar su nuevo modelo Passat. Un presentador iba recordando los modelos utilitarios fabricados en la historia de Volkswagen, que iban cayendo como del cielo quedando aparcados cerca de él. De repente, al anunciar «un nuevo gran modelo», caía un Passat con tanta fuerza que hundía el suelo y quedaba aparcado en un sótano, sin sufrir un rasguño. Este efecto sorpresa era aprovechado por el presentador para destacar que el nuevo modelo era «fuerte, confortable, bien diseñado, con todo lo que espera de un Volkswagen, solo que mayor que los demás». Esta variante se utiliza, sobre todo, cuando la gente está muy convencida del modelo anterior, cuando ha sido un gran líder del mercado, cuando la marca ha sido comprada por mucha gente y ha resultado un éxito. Entonces se puede decir al consumidor que eso que tanto le ha gustado ahora lo puede comprar mejorado.

Existen más opciones todavía. Enfrentarse, por ejemplo, a una manera diferente de hacer algo. He visto ya varios ejemplos, y en diversos países, de cómo las compañías ferroviarias atacan directamente los inconvenientes de los coches o del avión, sus dos eternos rivales, intentando llevar el agua a su molino. Intercity consiguió un enorme impacto con un *spot* notablemente agresivo con las incomodidades del avión, en el que se veía a unos pasajeros sorprendidos porque, de repente, los asientos se volvían más cómodos, aumentaba el espacio entre ellos y las ventanas se hacían más grandes. Después de todos esos cambios, se veía que aquello había dejado de ser un avión para convertirse en un tren mucho más confortable.

En nuestras campañas para el gobierno catalán utilizamos también la comparación para promocionar que la gente hiciera deporte. El *spot* comparaba a ciudadanos de edades similares enfrentándose a retos deportivos y cotidianos. «¿Así... o así?», iba indicando la voz en *off* mientras se contrastaba la agilidad de una joven haciendo flexiones, con otra en graves apuros para recoger algo del suelo, o la fuerza de un hombre practicando halterofilia, con la impotencia de otro para cargar con sus dos maletas de viaje. Las diferencias entre los que regularmente practicaban algún deporte y los que tenían abandonada su forma física eran evidentes y palpables.

El caso de Pepsi-Cola es probablemente el más emblemático de lucha comparativa con un competidor y líder de mercado como Coca-Cola. Este duelo se ha desarrollado en distintos escenarios, desde las clásicas pruebas a consumidores con los ojos vendados hasta *spots* con un ingenio remarcable que llevan la exageración a las máximas consecuencias. Pienso en realizaciones con buen humor, como la del frustrado vendedor playero de Coca-Cola, al que nadie se le acerca porque el sol aprieta y la arena está que arde, que comprueba desesperado cómo todos los bañistas son incapaces de resistir la tentación y se arriesgan a quemarse los pies, caminando a saltitos y entre sollozos, cuando se abre el chiringuito de Pepsi-Cola de al lado. O en mensajes futuristas como el de un profesor y sus alumnos que, en pleno siglo XXI, beben Pepsi-Cola mientras visitan unas ruinas. Uno de ellos encuentra un botellín de Coca-Cola, y todos lo observan como una reliquia, porque ninguno tiene ni idea de qué pudo haber sido aquello.

Unas campañas, en definitiva, que huyen de argumentos comparativos racionales y buscan más la conexión emocional con su público y la provocación de los que siguen siendo fieles al líder.

Por el contrario, a las marcas líderes no les interesa compararse con sus competidoras. Lo que sí puede hacer un líder es compararse con la competencia en general, sin mencionar ninguna otra marca, y demostrar que por algo es líder.

5. Presentador

En muchas partes se conoce como busto o cabeza parlante y consiste en la figura de un presentador ensalzando las virtudes de un producto. La fuerza del anuncio puede residir en el propio presentador, en lo que diga o en cómo lo diga. Encontrar la idea, persona y texto adecuados es imprescindible para que este camino dé buenos frutos. Ha habido algunos casos en la publicidad española en que los presentadores han adquirido notoriedad especial, como el de Manuel Luque para los productos Camp, que llegó a convertirse en un personaje popular por su presencia como director general de la compañía y un eslogan, no original, por cierto, pero que hizo fortuna: «Busque, compare, y si encuentra algo mejor, cómprelo».

A nivel de recurso creativo, recuerdo el impacto que conseguimos al anunciar una exposición, tomando a un joven chino como presentador. Hasta aquí no habría nada que objetar, pero el caso es que el anuncio se pasaba en las televisiones de Cataluña y el joven hablaba ¡en chino! Con toda seguridad, garantizábamos la atención de la gente, por lo sorprendente del hecho. Durante veinte segundos solo aparecía en pantalla el busto parlante con un mensaje ininteligible para el 99,9 % de los espectadores. Cuando la sorpresa empezaba a dar paso a la incomprensión del anuncio, una voz en *off* en catalán aclaraba: «Entienda la China que nunca ha entendido. Visite la exposición *China Milenaria*». Imposible olvidar lo que anunciábamos, porque después de picar la curiosidad hasta este extremo la memoria aumenta su capacidad de retención.

Otra manera de usar al presentador de una forma creativa fue la de John Cleese para la campaña de Schweppes. De una forma distinta, hablaba peyorativamente de la publicidad subliminal y de aquellas marcas que la utilizaban. Al mismo tiempo, aparecía el logo de Schweppes sobreimpresionado por todas partes.

6. Testimonial

Según se trate de una persona corriente, un experto o un famoso, se cumplen unos objetivos y se corren unos riesgos distintos. La persona corriente consigue llegar a un segmento objetivo, hace que el público se vea reflejado y provoca una actitud racional en el espectador. El problema en este caso es conseguir una actuación improvisada para que el público vea realmente personas comunes, y no actores contratados. El experto incrementa la confianza, destaca los beneficios de productos difíciles de mostrar y se dirige a la parte racional del consumidor por el argumento de autoridad. El famoso identifica la imagen del producto con la suya, y por tanto arrastra la identificación de sus seguidores. Las campañas protagonizadas por personajes famosos obtienen más impacto bruto que el resto de campañas, y la media de recuerdo de contenidos es superior al resto de los anuncios.

Yo he confiado en Miguel Gila para Filomatic, en Sofía Loren y Karlos Arguiñano para pastas Gallo, en Romina Power para el suavizante Lanofil, en Isabel Tenaille para conservas Isabel, en Claudia Cardinale para el vermut Cinzano y en Johan Cruyff para una campaña antitabaco. Y para Freixenet en Fernando Trueba, Maribel Verdú, Alejandro Sanz, Penélope Cruz, Míriam Díaz-Aroca, Gabino Diego y Ariadna Gil, director y protagonistas de la oscarizada película española *Belle Époque*, en Andy McDowell y Nacho Duato, en Meg Ryan, y en tantos otros personajes famosos, como Anthony Quinn, con quien nos dimos el gusto de bailar un sirtaki el día que presentábamos la campaña a la prensa.

Considero que me he servido de este camino en más ocasiones que el promedio de los publicitarios, y a pesar de ello soy muy crítico con el uso que a veces se hace de los famosos.

Un famoso siempre es un valor añadido a la marca. Se dice que la publicidad testimonial de famosos, en muchas ocasiones, se come la popularidad de la marca o del producto y que la gente luego no recuerda el producto y solo recuerda al famoso. Yo opino lo contrario. Nunca jamás he hecho una campaña en la que el famoso se haya comido al producto o a la marca. Cuando en su día se hablaba de Sofía Loren o Karlos Arguiñano no había ninguna duda de que anunciaban pastas Gallo, cuando hablábamos de Gila no había duda de que anunciaba Filomatic y no Gillette, y así sucesivamente.

Los casos de Sofía Loren y de Cruyff son especiales, porque reúnen dos posibilidades del testimonial en una sola persona: son famosos y actúan como expertos en el tema del que están hablando, como veremos más adelante.

Una campaña testimonial con personas corrientes que ha dado la vuelta al mundo es la del jabón Dove. Después de siete días, las usuarias de Dove cuentan a la cámara la sensación de suavidad que sienten en su piel (algo muy difícil de demostrar pero que, si te lo cuenta alguien de confianza, te lo crees). Es una especie de boca-oreja, uno de los métodos que funciona mejor para contar cosas que no se pueden ver. La gente de la calle, en muchas ocasiones, tiene más credibilidad que un actor o una actriz a los cuales ya se sabe que les han pagado para hablar bien del producto.

7. TROZOS DE VIDA, MOMENTOS DE CONSUMO
E HISTORIAS ALREDEDOR DE UN PRODUCTO

Los americanos lo llaman *slice of life*, y consiste en desarrollar historias alrededor de un producto, de su uso o de su consumo, que aparenten ser extraídas de la vida cotidiana. La idea es lograr que el espectador se identifique con la situación mostrada en el anuncio. Aunque, muchas veces, el peligro es rodar escenas tan rígidas que en lugar de aparecer como «trozos de vida» aparezcan como «trozos de publicidad». El mal uso y el enorme abuso que se ha hecho de este camino creativo lo hace aparecer como odioso a ojos de algunos publicitarios, pero sigue siendo sumamente útil y efectivo. Estados Unidos es el país del mundo en el que mejor se hace este tipo de publicidad. Claro que usan para ello *spot*s de sesenta segundos, mientras que aquí pretendemos explicar historias en veinte segundos, lo que resulta no imposible, pero sí mucho más difícil.

Personalmente me siento muy satisfecho de un *spot* que hicimos para la Libreta Millonaria de Argentaria, en que se veía una enorme limusina llegando a un pueblo, precedida por una banda de música. Una chica joven miraba por la ventana y se le llenaba la cara de sorpresa, cuando su marido bajaba de ella, vestido de gala, diciendo: «¡Cariño, nos ha tocado!».

También recuerdo como una producción modélica, de las más satisfactorias de nuestra agencia y que tuvo el valor añadido de ser un trabajo conjunto de las oficinas de Barcelona, París y Nueva York, un *spot* para Paco Rabanne, que se basaba precisamente en un «trozo de vida». Conseguimos dar una personalidad extraordinaria al producto con la imagen de un chico que sale de madrugada de una casa que no es la suya, vestido de esmoquin. Su aspecto risueño, y su actitud casi flotante en el aire, daban a entender que había pasado una noche inolvidable.

Ogilvy & Mather ha realizado para el Hong Kong Bank una extraordinaria campaña de muchos *spot*s, cada uno de los cuales muestra trozos importantes de la vida de algunos de sus clientes.

Por su parte, Volvo ha aprovechado tomas reales, rodadas por las cámaras de seguridad de algunas autopistas, en las que se ven grandes imprudencias, para recomendar a la gente que conduzca un Volvo. Más trozo de vida, imposible.

Caminos creativos básicamente emocionales

8. El impacto emocional

La emoción es uno de los caminos que ha contribuido más a que grandes marcas hayan construido su imagen con fuerza en el mercado. De hecho, si no fuera por los vínculos emocionales que mantienen los consumidores con «sus marcas», muchos se habrían pasado a la competencia sin ningún remordimiento. Recuerdo que en una de las ediciones del Festival de Cannes me emocioné profundamente con un *spot* de Kodak. Un padre entraba en la habitación donde su hija se estaba vistiendo de novia. Por su mente pasaban imágenes —en formato fotográfico— de diferentes momentos de su vida: cuando la cogió en brazos por primera vez en la clínica, cuando le enseñó a andar, el primer paseo en bicicleta, un chapuzón en la playa, el colegio, la universidad, la graduación... y ahora esa hija se iba para siempre, a formar su propio hogar. ¡Qué sería de nuestra memoria sin Kodak! Una historia real, la fuerza de las imágenes y una música magistral consiguieron que muchos años más tarde aún recuerde con total nitidez aquel *spot* que vi una sola vez.

Creo sinceramente que *La Marató* de TV3, el programa de televisión que más dinero recauda para ayudar a solventar grandes problemas de salud de las personas, no habría llegado a ser lo que es sin las campañas fuertemente emocionales que un equipo de nuestra agencia, dirigido por Oscar Pla y Camil Roca, ha realizado año tras año para ellos.

9. BELLEZA, MODA, SEXO Y ROMANCE

Hace unos años tuve la ocasión de asistir en París a la presentación de la colección de Paco Rabanne. No había visto nunca tantos periodistas, fotógrafos y cámaras de televisión juntos. No sé cuántos hubo al firmarse la paz después de la Segunda Guerra Mundial, pero me temo que no tantos.

La moda y la belleza tienen un atractivo enorme para millones y millones de personas en todo el mundo. Basta ver los miles de revistas que se publican, todos los meses, dedicadas a este tema. Para muchas marcas, no solo de vestido o de calzado, sino también de perfumería, es clave subirse a ese tren. Y eso se hace utilizando todos los ingredientes de la moda y la belleza como camino creativo.

De hecho, algunas de las marcas más importantes nacieron del mundo de la moda. Ralph Lauren ha construido un imperio, reviviendo el estilo que estuvo de moda en Inglaterra hace más de setenta años. No solo en la ropa de vestir, sino también en los escaparates, llenos de maletas antiguas de cuero y todo tipo de complementos que ayudan a conseguir ese fin. La moda, por definición, nunca se para. Las campañas de Armani parece que no sean nada. Solamente una foto y el logotipo Armani, pero están llenas de belleza, de sugerencias, de moda, en definitiva. La publicidad de muchos perfumes y fragancias, como Chanel o One Million de Paco Rabanne, siguen también los dictados de este camino creativo.

Cada vez que periodistas, especializados en publicidad o no, me entrevistan en prensa, radio o televisión, una de las preguntas que siempre me plantean es mi opinión sobre el sexo en publicidad. Y casi siempre digo lo mismo, que el sexo se utiliza a veces bien y a veces mal. Si un anuncio de coches muestra a una chica despampanante, con una minifalda, encima del capó del coche, el sexo se está utilizando mal. En cambio, en los productos que producen placer a los sentidos, como las bebidas alcohólicas al gusto, los perfumes al olfato, la cosmética y la moda a la vista, etc., en los que la atracción es parte de su función, puede tener sentido utilizarlo en su publicidad, siempre con todo el tacto y buen gusto que requiere un mensaje dirigido a millones de personas.

También los romances y las historias de amor son parte de este camino creativo, que no hace más que constatar que tanto el sexo como el romance son constantes de nuestra civilización.

10. VIOLENCIA Y TRANSGRESIÓN

Hace años, parecía que los gustos de los jóvenes iban por este camino. Los videoclips eran violentos, las películas violentas llenaban los cines y yo diría que hasta la moda recibía inspiración de este tema. Si no, ¿cómo se entiende que viésemos chicas yendo a bailar a las discotecas con botas claveteadas y con metal en el tacón y en las puntas?

Más adelante comentaré el espectacular *spot* de Nike que mostraba un partido de fútbol entre jugadores famosos y un grupo de demonios. Maravillosamente realizado, pero de una violencia visceral.

La transgresión, por su parte, es muchas veces necesaria para interesar a una audiencia joven. Pero tanto la violencia como la transgresión deben ser utilizadas con sumo cuidado, porque si no la marca, a la larga, puede resentirse.

11. EL HUMOR Y LA PARODIA

Empecé mi vida profesional trabajando casi siete años con Miguel Gila para Filomatic, de modo que sé por experiencia la fuerza y la penetración que tiene este camino creativo. El de más éxito en las últimas décadas. Hace años se decía que el humor viajaba mal, pero no es cierto. Solo hay que dar una ojeada a los festivales creativos más importantes del mundo y comprobar que los *spot*s que utilizan el humor copan las primeras posiciones. Porque el humor es notorio e impacta rápidamente a la gente. Las campañas que provocan una sonrisa se comentan más entre las personas que reciben el mensaje, y en muchas ocasiones aparecen de forma gratuita en los medios de comunicación. Una marca que sabe reírse de sí misma siempre es percibida como más próxima o cercana, positiva y alegre.

¿Pero cuál es la gracia de un chiste? Primero una buena preparación de la audiencia. Enseguida un clímax y finalmente una sorpresa, un final inesperado. Igual que en un *spot* o en una cuña de radio. Cuanto mejor sea la preparación, el clímax y más rápido el final inesperado, más éxito tiene. Los que inventan los chistes empiezan a pensar casi siempre por el final, luego buscan el clímax y después preparan a la audiencia.

Trabajando codo a codo con Gila, aprendí una buena parte de lo que sé de humor en publicidad. Pero también le debo mucho a Perich, que tuvo la generosidad de regalarme los chistes que ilustran *El Libro Rojo de la publicidad*. ¡Cuántas conversaciones llegamos a tener sobre cómo nace una idea! Otro extraordinario profesional que tuve la oportunidad de conocer y de tratar es Cesc. Le encargué en una ocasión que me hiciera unos chistes sobre el afeitado. A cualquier profesional se le hubieran ocurrido cinco o seis. ¡Cesc me dibujó 108! Evidentemente hicimos un libro con ellos, que se tituló *Por los pelos*, y que hoy está buscadísimo. También Eugenio, que se inventaba los chistes y me propuso una idea fantástica para Páginas Amarillas que entusiasmó al cliente, aunque lamentablemente no se pudo realizar porque falleció poco después, tiene toda mi admiración. Igual que Forges, Máximo, El Roto o Farreras que saben hacernos sonreír con una nueva idea cada día. Sin olvidar a Tricicle, que pusieron humor por primera vez en una Ceremonia Olímpica. ¡Lo que son capaces de hacer sin hablar!

Sin embargo, el humor en publicidad es aún más difícil, me atrevo a decir, porque está obligado, además, a vender un producto.

12. Música

Hace años, David Ogilvy escribió a propósito de la música en publicidad: «Cuando no tenga nada que decir, cántelo». Esta frase se interpretó por algunos como peyorativa hacia los *jingles* y músicas publicitarias, cuando lo que quería decir es que si el producto tiene una clara ventaja racional, ésta se explica mejor hablando que cantando.

Estoy de acuerdo, la música está especialmente indicada cuando el producto ofrece principalmente beneficios emocionales. Pero se ha dicho también: «No creo que los grandes predicadores permitan que el organista acompañe su sermón con música». Y aquí vale la pena preguntarse: ¿cuándo se siente uno más impactado, cuando habla el predicador, o cuando arranca el órgano y las voces del coro empiezan a cantar? ¿Cuándo es más completa la comunicación, cuando solo se escucha, o cuando es uno mismo el que participa con su voz?

La música es probablemente uno de los caminos publicitarios más completos, participativos y eficaces que existen. Sirve para comunicar cosas que no se pueden comunicar mejor de otra manera: una sensación, un estilo, una clase, un estado de ánimo, etc. Por eso, no sirve cualquier música para cualquier producto y circunstancia. La selección del tipo de música requiere tanto tiempo como la selección del tipo de imagen que queremos para el producto.

A mí me costó tres meses dar con la música del Avecrem. Había probado diferentes caminos creativos. Escribí cientos de ideas que fueron directamente a la papelera. Hasta que un fin de semana, en mi casa, a solas, cogí la guitarra y empecé a cantar «chup chup, Avecrem, chup chup, Avecrem...». Salió totalmente de mi inconsciente, y eso no es casualidad cuando llevas tres meses dándole vueltas a una idea.

Todavía hoy se recuerda el «chup chup, Avecrem», ¡y dejó de emitirse en 1980! Claro que el *jingle* repetía nueve veces el eslogan «chup chup», y ocho veces la marca del producto, Avecrem. En solo veinte segundos.

La música permite la repetición de la marca o del eslogan muchas más veces de las que podría repetirse de forma hablada sin irritar al espectador. De hecho, hoy en día muchas marcas son inseparables de su música, que forma parte de su activo como en el caso de Hellmann's. Cuando nos encargaron la campaña, prácticamente ninguno de nosotros pronunciaba la marca igual. ¿Cómo podíamos introducir esa marca tan difícil de pronunciar? Pues repitiéndola trece veces en un *spot* de quince segundos. La canción góspel *Amén* siempre me había gustado y la tenía presente en mi cabeza. Empecé a cantarla diciendo «Hellmann's», en vez de «Amén» y me pareció que funcionaría, como así fue. La introdujimos con éxito, sin duda gracias a la música.

La música también permite segmentar un público objetivo determinado, dentro de una gran audiencia, sin necesidad de explicitarlo en las imágenes o en las palabras, de modo que el resto de la audiencia no se sienta automáticamente excluida. Por otra parte, la música se ha convertido en el idioma internacional de los jóvenes, y quizá sea el mejor camino para captar su atención entre la masa de anuncios de la radio y la televisión. Las músicas bien empleadas pueden llegar a convertirse, para las marcas, en verdaderas canciones «superventas». La célebre *producer* de televisión americana Tina Raver dijo: «Una imagen vale más que mil palabras. Añádele música y valdrá más que un millón». Como valió la campaña de Hershey's New Trail, en la que varios niños cantaban, con voz de mayor, canciones conocidas que nos hablaban del producto.

El turismo irlandés le debe mucho a la cantante Enya por la maravillosa voz y música que ha puesto en sus *spots*. Y no digamos lo que la marca Coca-Cola le debe a la música, que con tanto acierto ha sabido utilizar a lo largo de los años.

Hay un documento impresionante que demuestra hasta qué punto la música nos cala hondo. Se encontró grabado en la caja negra del avión DC10 Alpha Victor de la Turkish Airlines, que se estrelló el 3 de marzo de 1974 a las 12h 39'. El avión estaba al mando de los capitanes Berkoz y Ulusman.

12h 38' 35"
(*Ruido de una violenta descompresión. Ruido de aceleración rápida del sistema de presurización.*)
DOS VOCES: «¡Oh, ah!», «¡Ah!».

12h 38' 44"

CAPITÁN BERKOZ: «¿Qué ha pasado?».

CAPITÁN ULUSMAN: «La cabina ha explotado».

12h 38' 46"

BERKOZ: «¿Estás seguro?».

(*Ruido de comunicaciones emitidas por otro avión.*)

12h 38' 51"

BERKOZ: «¡Levántalo! ¡Tírale de la nariz!».

ULUSMAN: «No puedo. No responde».

(*Durante los dieciséis segundos siguientes, Berkoz canta el estribillo de una célebre canción publicitaria de la televisión turca: «Acaba nedir nedir»* [Me pregunto qué es, qué es]*.*)

12h 39' 06"

UNA VOZ: «No queda nada».

OTRA VOZ: «Siete mil pies».

12h 39' 07"

BERKOZ: «Los hidráulicos».

UNA VOZ: «Los hemos perdido. ¡Oh, oh!».

12h 39' 29"

BERKOZ: «Parece que nos vamos a estrellar».

12h 39' 30"

(*Ruido producido al estrellarse el avión.*)

Unos minutos más tarde las radios de todo el mundo anunciaban una de las mayores catástrofes aéreas de todos los tiempos: 346 muertos.

Esa grabación pone de relieve lo importante que puede llegar a ser el impacto publicitario en la mente de una persona, en este caso una célebre canción publicitaria de la televisión turca. Probablemente, miles de cosas pasaron en tan solo instantes por la cabeza del capitán Berkoz, y simultáneamente su subconsciente, a modo de válvula de escape, dejó salir aquello que tenía más presente. Seguro que si se le hubiera podido preguntar habría jurado que no cantó esa canción, ni ninguna otra. Y, desde luego, conscientemente no la cantó. Es muy posible que un ser humano en una situación de estrés tan grande reaccione soltando por un momento su subconsciente, dejando salir de ahí cualquier cosa. Pero para que salga algo de nuestro subconsciente, antes tiene que haber entrado y prendido. No es fácil recordar publicidad, cuando hay tantas otras cosas que recordar, pero sucede, hasta en los últimos segundos de la vida de una persona.

Caminos creativos básicamente proactivos

Durante muchos años los caminos creativos se dividieron fundamentalmente en racionales, emocionales y combinaciones de ambos. Pero desde hace unos años se ha desarrollado un nuevo tipo de camino creativo, que me he

permitido llamar proactivo, porque usa básicamente y necesita de la inteligencia y la complicidad del espectador.

13. DARLE LA VUELTA A LAS COSAS

Recuerdo que Jorge Villena, uno de los mejores creativos
que ha dado este país y que nos dejó muy joven, estaba
trabajando conmigo en la campaña de Petit Suisse de Danone. Nuestro objetivo era decir a las madres que Petit
Suisse favorecía el crecimiento de los niños. Surgieron
ideas de todo tipo hasta que acotamos una: si un niño fuera un arbolito, Petit Suisse sería la sustancia que necesita
para seguir creciendo. No satisfechos con este concepto,
seguimos pensando hasta que fuimos capaces de darle la
vuelta. Hablaríamos del crecimiento de los niños mostrando lo pequeña que se les quedaba la ropa, al comer
Petit Suisse. «Si das Petit Suisse a tus hijos, cómprales un
par de tallas más», constituyó un mensaje más nuevo, menos tópico y, fundamentalmente, más eficaz.

Explicar las cosas indirectamente puede ser más interesante, simpático y memorable, que hacerlo de la manera obvia. Lo cierto es que cada día hay más publicidad.
En televisión y en los demás medios. El espectador, o el
lector de prensa, se defienden de ello prestando menos
atención. Si el *spot,* la valla o la página de publicidad no
captan su atención en los primeros tres segundos, ya
no la captarán. Por eso son tan importantes los primeros

segundos de cualquier *spot*, o el titular y la imagen de cualquier anuncio de prensa.

14. Cambio de rol o invertir los papeles

A veces, dar la vuelta a las cosas es invertir los papeles. Ello nos puede ayudar a destacar de la competencia, del resto de la publicidad y del entorno. Destacar es fundamental porque, a menudo, la audiencia confunde los mensajes. Hay demasiados mensajes iguales, que dicen exactamente lo mismo. Cuando invertimos los papeles, solemos ser únicos. Tal vez una de las mejores campañas españolas que siguió este camino creativo fue la creada por RCP para la marca Danone, que mostraba a los hijos enseñando a comer yogur a sus padres. El eslogan decía: «Aprende de tus hijos». Otro ejemplo estupendo es aquel en el cual vemos cómo una máquina fotográfica dispara varias veces, hasta que deja de hacerlo. Entonces unas manos sacan las pilas, tiran la máquina y ponen esas pilas Rayovac en una máquina nueva, que sigue disparando. Pero quizá el más sorprendente de todos es el del padre y la madre que están en la habitación de la clínica, en el momento que les traen a su bebé. Entonces éste saca una máquina Fuji y les hace una foto. Realmente sorprende.

También en la exposición *La Ciudad de la Diferencia*, realizada en el Centro de Cultura Contemporánea de Barcelona, vimos un impactante cambio de rol o inversión de los papeles que llevamos preestablecidos en nuestra mente. En un lugar de la exposición se veía una gran foto mural con dos personas corriendo, la de detrás, con el uniforme reglamentario de la policía, y la de delante, de raza negra, con tejanos. Entonces se pedía al visitante que definiera en un papel la imagen de la foto. Ni que decir tiene que el 99 % la definió escribiendo más o menos esto: «Policía persiguiendo a ladrón». A continuación se pasaba a la siguiente sala donde se veía la foto completa, las dos mismas personas y, corriendo delante de ellas, un tercero. La explicación que aparecía allí escrita rezaba así: «Foto de la persecución real de dos policías, uno de uniforme y otro de paisano, corriendo detrás de un ladrón». Así que el que creíamos que era un ladrón era en realidad un policía de paisano. El impacto de ese ejercicio puedo asegurar que aún sigue en la memoria de los visitantes de tan magnífica exposición.

15. Lo inesperado o inusual

Si pudiéramos realizar un encefalograma de los espectadores mientras pasan los anuncios, veríamos que en algunos instantes están como en un letargo, y en otros momentos, en cambio, prestan toda su atención. La diferencia está en si el anuncio les sorprende o no. Si aparece en él algo inesperado o inusual. La buena publicidad ha de conseguir despertar o sacar de su letargo a tantas mentes que, mientras miran anuncios demasiado predecibles, están como dormidas, con la vista puesta en el infinito.

El *spot* de agua Perrier, en el que subían a una colina, en lo alto de la cual estaba la botella, por un lado una chica y por otro un león, sorprendía cuando al llegar ambos arriba al mismo tiempo, la chica rugía más fuerte que el león y éste se iba, dejando que fuera ella quien disfrutara con su agua Perrier.

Lo inesperado o lo inusual choca, despierta, hace pensar y es más memorable. Y no solo cuando la idea es sorprendente. También las cosas más normales, sacadas de su contexto, o en localizaciones atípicas, llaman poderosamente la atención. Si estamos en una conferencia, y una azafata deja un vaso y una botella de agua encima de la mesa del conferenciante, al cabo de media hora muy pocos recordarán si el agua ya estaba allí, o la colocó una azafata. Pero si entrara por la puerta una joven montada en un caballo blanco, vistiendo una capa roja de diez metros de longitud, dejara el vaso y el agua sobre la mesa, y se fuera al galope, no lo olvidaríamos en nuestra vida, y dentro de muchos años aún se lo explicaríamos a nuestros nietos. Ésa es la diferencia entre lo esperado o usual y lo inesperado o inusual.

Cuando vemos en un gran *spot* americano diferentes coches entrando por las puertas de sus casas y, de repente, un Jeep llega a la suya y en vez de verja hay un montón enorme de piedras, que sube como si nada, recibimos un impacto simplemente porque no nos lo esperamos.

El espectador no se sienta delante del televisor para descifrar *spot*s ininteligibles, ni el conductor detiene su coche para poder entender mejor el contenido de una complicada valla de carretera. Por eso, la simplicidad es fundamental en publicidad. El gran arquitecto Mies van der Rohe, conocido por su extraordinaria y brillante simplicidad, dijo que en arquitectura *less is more* (menos es más). En publicidad pasa lo mismo. Menos, suele ser más. Eliminar cosas, la mayor parte de las veces, es más útil que añadirlas. Aunque la tendencia lógica del cliente sea la contraria. No es fácil hacer entender a alguien que ha de pagar un dineral por unos segundos de silencio o por un espacio en blanco, aunque tal vez ese silencio o ese blanco sean fundamentales para la campaña.

El maestro Juan Luis Moraleda, uno de los mejores compositores de música para publicidad que he conocido, me lo demostró una vez. Estábamos grabando un *jingle* para un anuncio y le pregunté si podíamos subir un poco más la guitarra. Lo hizo. Después le pedí si podía subir un poco más los instrumentos de ritmo: la batería y el bajo. Y también lo hizo. Por último, quise subir también los coros y la voz solista. Moraleda se giró y me miró con una sonrisa. Entendí enseguida lo que sucedía. La música seguía siendo la misma, solo que todos los instrumentos y la voz sonaban un poco más fuerte. Moraleda me dio el secreto: «Si quieres que algo destaque en música, quita todo lo accesorio y deja solo lo fundamental. Fíjate en los grandes compositores y en sus conciertos de flauta. Cuando llega el solo, los otros cien instrumentos de la orquesta sinfónica permanecen en silencio, y entonces la modesta flauta suena ella sola, captando toda la atención del público, hasta de los que ocupan las últimas filas». Aquel día aprendí que, en muchas ocasiones, es mejor suprimir lo innecesario de un anuncio, para que lo fundamental destaque.

Country Manor es un vino blanco que se anunciaba situándolo al lado de una fuente de mejillones que, simplemente, se ponían a aplaudir. ¡Brillante!

17. EXAGERACIÓN, CAMBIO DE ESCALA O USO DEL PRODUCTO LLEVADO AL LÍMITE

Cuando empecé a trabajar en creatividad, una de las primeras cosas que hacíamos era exagerar el producto, sus prestaciones, el resultado, todo, con tal que el mensaje fuera memorable, notorio. Exagerar no es mentir un poquito. Exagerar es hacerlo mucho, tanto que nadie se pueda llevar a engaño. Todo el mundo sabe que la potencia de un CD para automóvil no puede mover un puente. Por eso, cuando vemos que el Automatic CD Pioneer es capaz de agitar el puente de San Francisco, no podemos evitar una sonrisa. Nadie reclamará a la empresa si el Automatic CD Pioneer que le acaban de instalar no sacude el puente de su localidad. Lo que sí recordará el espectador es que el sonido Pioneer es realmente potente.

En el mundo del arte, la exageración también es memorable e identificable. Los personajes delgadísimos de El Greco, los cuellos desmesuradamente largos de Modigliani, o los famosos gordos y gordas de Botero, son algunos ejemplos.

El cambio de escala es también muy importante. Si en una valla ponemos un coche, su tamaño no diferirá demasiado de los que estén aparcados ahí delante, con lo que su impacto visual será pequeño. Imaginemos ahora una cerilla ocupando los ocho metros de largo de la valla. Su fuerza visual es enorme. ¿Por qué esta diferencia, si en los dos casos estamos mostrando, simplemente, el producto? Muy sencillo, porque lo que realmente impacta es ver el producto ampliado ¡más de trescientas veces! Del mismo modo, uno de los cuadros más memorables de Magritte es una manzana que ocupa toda una habitación.

También el uso del producto llevado al límite puede ser un modo adecuado de resaltar lo que nos interesa, a través de la exageración. La famosa campaña de la telefónica italiana arranca con un condenado a muerte que expresa su última voluntad: «¿Puedo hacer una llamada?». Y empieza a hablar tanto rato con amigos y familiares, que el pelotón de ejecución se acaba yendo. La campaña consta de varios *spot*s, donde vemos al protagonista que sigue y sigue hablando por teléfono.

Es un camino creativo que expresa una idea de forma visual para hacerla más memorable y duradera. Hay muy buenos motivos para decidirse por este camino. El ser humano recuerda más y mejor lo que le entra por el nervio óptico que lo que le entra por el nervio auditivo. Esto explica que muchas veces reconozcamos a una persona al ver su cara, imagen que entra en nuestro cerebro por el nervio óptico, y no consigamos recordar su nombre, sonido que entra por el nervio auditivo. Está comprobado también que se recuerda más lo concreto que lo abstracto, lo que significa o representa algo, que lo que no significa o representa nada. Los símbolos superan las barreras idiomáticas y se reconocen instantáneamente.

Cuando nos planteamos una de las últimas campañas que hicimos para Winterthur, decidimos escoger un símbolo como distintivo de la seguridad del conductor. Tras pensar en varios, nos decidimos por un automóvil rodeado de neumáticos. El resultado fue una buena imagen gráfica, que más tarde se utilizaría para cubrir uno de los edificios más emblemáticos de esa compañía de seguros. Ahora, otra compañía de seguros, Generali, convierte el león de su símbolo en uno real que acompaña tranquilamente a los personajes del *spot*.

Uno de los símbolos visuales de más éxito fueron los osos blancos de Coca-Cola. No me cabe duda de que, en su momento, tuvieron un gran impacto publicitario, y la mayor evidencia es que en Atlanta, durante los Juegos Olímpicos de 1996, se podían contar en las tiendas diez osos de Coca-Cola por cada mascota de los Juegos. Y eso que el «*What is it*», llamado después «*Is it*», era la única mascota oficial.

Los animales son, tal vez, los símbolos visuales más utilizados en publicidad. El lanzamiento del agua Valvert de Nestlé, en Francia, se hizo con una magnífica película cuyos protagonistas eran dos oseznos. También la compañía de seguros Santa Lucía ha utilizado osos blancos en su publicidad. El banco South Carolina tiene como único actor de su premiado *spot* a un orangután, y Generali a un león.

Pero, seguramente, el *spot* que mejor representa este camino creativo es el que realizamos para la Fundación Anti-Sida España. La imagen nos iba mostrando diferentes pájaros que simbolizaban perfectamente lo que una voz seria iba diciendo: «Altos directivos, carpinteros, niños, amas de casa, gente de la ciudad y del campo, a todos, absolutamente a todos nos afecta el problema del sida. No es cierto que solo afecte a los homosexuales, a los drogadictos y colgados, a las prostitutas y a la gente que vive la noche. No renuncies al amor y a tu libertad. Simplemente, cuando saques el pajarito toma precauciones. Infórmate. Fundación Anti-Sida España».

La analogía, según el diccionario Casares, es una relación de semejanza entre dos cosas. Yo me he ayudado muchas veces de analogías para la creatividad. La analogía sirve como camino creativo para explicar cosas que resultarían difíciles de explicar de otra forma. La analogía busca una asociación de ideas en la mente del que recibe el mensaje. El profesor David Aaker de la Universidad de Berkeley, con quien hace años di un seminario sobre marcas en el IESE de Barcelona, me explicó que en ese momento, en su universidad, estaban haciendo un estudio sobre la analogía en la publicidad.

Una simple analogía es la que hicimos para las máquinas de escribir portátiles Olivetti, analogía absolutamente válida hoy para cualquier ordenador. En la imagen dos manos iniciaban un lenguaje de signos, que acababa en el teclado. La voz del locutor decía: «Las manos son capaces de hablar un lenguaje maravilloso. Son capaces de comunicarnos las cosas más hermosas. Ahora tú también tienes la posibilidad de hablar con tus manos. Portátiles electrónicas Olivetti. Habla con tus manos y quedará escrito. Portátiles Olivetti. En Navidad».

Aunque, posiblemente, una de las mejores analogías que hemos hecho en la agencia es una campaña gráfica para Levi's. Sin mostrar el producto en ningún momento, transmitimos el mensaje mediante la imagen de un cerebro con una etiquetita Levi's y un breve texto: «Cuanto más lo usas, mejor está». Y en otro original, con la cola de una enorme ballena, siempre con la etiqueta Levi's y otro texto: «Cuanto más lo lavas, mejor queda». Esta campaña ganó infinidad de premios, el más importante de ellos el Gran Clio o Gran Prix del Festival Clio en San Francisco, uno de los más prestigiosos del mundo. Un Gran Prix en Clio, en Cannes o en el Festival de Nueva York, es equivalente a decir «la mejor publicidad del mundo de ese año».

La analogía es un tipo de publicidad «inteligente» que juega de alguna forma con la percepción y el entendimiento del consumidor.

Algunas de las mejores analogías que recuerdo haber visto o creado son antropomórficas, donde la relación de semejanza se realiza siempre utilizando como elemento de comparación al ser humano. Para la Generalitat de Catalunya desarrollamos una campaña de sensibilización contra los incendios forestales, de la que me siento particularmente orgulloso. El objetivo estaba claro: había que encontrar una manera de dar a entender a los ciudadanos que, en efecto, cuando un bosque se quemaba, algo muy suyo se quemaba. Después de dar muchas vueltas a la idea, comprendí que había que recurrir a algo muy cercano al hombre, a lo más próximo al hombre, al propio hombre. Siguiendo la metáfora, estaba claro que si un país fuera una persona, su bosque serían evidentemente los cabellos. Recuerdo que miré en el espejo mi pelo rizado y me lo imaginé como un bosque de pinos en peligro, siguiendo la analogía que estaba creando en aquel momento. La realización vino sola, y fue de un enorme impacto. Un joven hablando a cámara dejaba una colilla encendida en su propia cabeza mientras empezaba a advertir sobre los peligros de dejarla en un bosque. En unos segundos, empezaba a salir humo de sus cabellos, hasta que retiraba la colilla y exclamaba el eslogan con fuerza: *«Foc al bosc? Treu-t'ho del cap!»* (¿Fuego en el bosque? ¡Quítatelo de la cabeza!).

La campaña analógico-antropomórfica más completa e internacional que recuerdo fue la del Ford Fiesta, titulada *Caras,* hecha por Ogilvy & Mather Europe. En más de veinte *spot*s diferentes, se veían caras que equivalían a prestaciones del coche: faros que se podían dirigir individualmente hacia donde conviniera, nuevo sistema de suspensión, etc.

20. Trozos de cine

Del mismo modo que los «trozos de vida» son partes de la vida misma, los «trozos de cine» son como pequeños fragmentos de una película larga, convertidos en *spot*. Evidentemente, pueden ser de acción, de suspense, de humor, de miedo y de todos aquellos temas que toca habitualmente el cine largo.

El primer *spot* que vi, dentro de este camino creativo, fue el de los cigarrillos Benson & Hedges, rodado por el gran director de cine Bob Brooks, que simulaba una acción de cine de espionaje en una plaza céntrica de Estambul. La contraseña para que los dos espías se identificasen era un clavel rojo en la solapa. El primero de ellos introducía en el paquete de Benson & Hedges el plano de unos misiles secretos, enrollado como si fuera un cigarrillo. La escena de máxima tensión mostraba cómo se lo ofrecía a su supuesto contacto y cómo éste ignoraba el papel secreto y cogía un cigarrillo normal. Ante la cara de sorpresa del espía, que seguía ofreciéndole el paquete, ya con el papelito enrollado claramente visible, el otro tiraba del papel, ¡pero lo utilizaba para encender el cigarrillo! El espía no comprendía nada de lo ocurrido, hasta que unos segundos después aparecía el auténtico colega, también con el clavel rojo en la solapa. Aunque, eso sí, un poco tarde.

Pienso también en nuestra campaña para Vistamil, un fabricante de *jeans* de Valencia que producía y comercializaba la marca Marlboro. Estábamos atascados buscando la manera de posicionar el producto y la marca, con el problema de no poder decir que eran genuinamente americanos para competir con los grandes, como Levi's, que más tarde sería cliente nuestro. Lo que yo llamo «llevar siempre las antenas desplegadas» funcionó una mañana que leí en *La Vanguardia* el caso de un español que se quedó sin dinero en Moscú y vendió sus tejanos por bastante dinero. La película mostraba la historia, basada en ese hecho real, de un grupo de jóvenes occidentales que visitaban

Moscú, vestidos con sus Marlboro. En el *spot* se veía cómo les ofrecían varias cosas a cambio de sus tejanos, hasta que acababan aceptando el trato y salían de la tienda sin pantalones, pero con abrigos de piel. Conseguimos dar imagen de calidad a los tejanos Marlboro. Y confieso que, con una música muy adecuada y una diapositiva de la Plaza Roja proyectada como fondo del decorado interior, conseguimos una producción de gran realismo a un precio muy razonable.

Me gustaría remarcar también por su espectacularidad una campaña de promoción de unos fascículos de un clásico de la literatura medieval, las aventuras del caballero *Tirant lo Blanc*, que regalaba la revista *El Temps*. Tratándose de una novela clásica, que había que posicionar como un relato épico plagado de acción, aventuras y erotismo, pensamos que la mejor manera de mostrarlo a los potenciales lectores era con todo el realismo del mundo. Esta idea estratégica desembocó en una producción del más alto nivel, rodada con toda la calidad del cine largo y un presupuesto ¡también de cine! La presencia de Ray Evans, director de fotografía de Superman y Excalibur, garantizó unos efectos impresionantes. En *spots* de treinta y sesenta segundos se mostraba el fragor de las batallas, y los amores y pasiones del caballero, hasta el punto de que parecía el *trailer* de una película de cine de aventuras. Aquello fue realmente un «trozo de cine».

Por supuesto, también son trozos de cine aquellas

escenas sacadas íntegramente de una película larga y convertidas en un *spot*, como en el caso de las cervezas Holsten Pils, que reviven a Marilyn Monroe.

La forma y la combinación de los caminos creativos

Cada camino creativo señala el concepto fundamental de cada pieza publicitaria. Pero esa pieza, *spot*, anuncio de prensa, valla o lo que sea, puede tomar tantas formas distintas como permita la imaginación. Incluso la forma de otro camino. Así, por ejemplo, la maravillosa analogía que realiza el Volkswagen Polo para transmitir que cuando uno siente peligro se hace pequeño, toma la forma del camino de la violencia y la transgresión. ¡Cuántas películas parecen de humor y tienen solamente la forma del humor!

¿Cuándo una música es el concepto y cuándo la forma? Muy sencillo, si la quitamos y no queda nada del *spot*, seguramente será algo más que la forma, será probablemente el concepto. Si puede ser sustituida por otra será, casi seguro, formal. Esto sucede con casi todos los caminos creativos.

Algunos directores de cine publicitario han sabido dar a sus anuncios una personalidad tal, que muchos creativos los mencionan durante el proceso de creación diciendo: «Imagino una película con la naturalidad de Joe Pitka o el movimiento de Tony Kaye, o un *casting* personalísimo como los de Sedelmaier».

Durante muchos años se decía que cuando no había una idea, la realización tenía sobre sí todo el peso de la comunicación. Y eso fue verdad parcialmente. Muchos directores de arte y directores cinematográficos de publicidad han aportado grandes ideas visuales a la publicidad. Los valores de realización y producción son incalculables: desde las infinitas posibilidades de la imagen real a los dibujos animados, las ilustraciones o las animaciones por ordenador.

Los dibujos animados fueron una buena parte de la publicidad de los años sesenta y setenta, y luego cayeron en desuso hasta que prácticamente desaparecieron de nuestras pantallas. Hoy en día, a nivel mundial, vuelven a verse campañas basadas en el dibujo, la ilustración y sobre todo la animación por ordenador. Como la campaña «Martell, *art of cognac*», de la que ya hemos hablado en el camino creativo del origen, historia del producto o de la marca. O el Grand Prix del Festival de Cannes 2013 que combina maravillosamente dibujo animado y música. El dibujo animado es especialmente efectivo en campañas dirigidas al público infantil. En España tenemos excelentes realizadores de dibujos animados, cuyas series se exportan a todo el mundo.

En la historia de la creación artística, homenajear a otro creador es algo que se ha utilizado muchas veces. Picasso hizo un homenaje a *Las Meninas* de Velázquez y pintó toda una serie que está en el Museo Picasso de Barcelona, basada en ese famosísimo cuadro de uno de los más grandes pintores españoles. El Equipo Crónica cimentó su fama reinterpretando cuadros famosos de pintores inmortales. Directores de cine han vuelto a rodar películas enteras o fragmentos. Muchos guiones de cine nacen de un cuento o de una novela. Y no digamos en el campo de la música, donde grandes compositores han reescrito o hecho variaciones sobre temas de otros. La publicidad, definida por un famoso crítico como una de las artes del siglo XX, también rinde homenaje a pintores como Magritte, a directores como Orson Welles y, por descontado, a músicos de todo tipo. Hay que distinguir, sin embargo, entre homenaje y plagio, ya que es fácil saltar de un punto a otro.

Por otra parte, la televisión ha demostrado con la repetición de las jugadas lo interesantes que éstas pueden llegar a ser. Ver repetido un tema en nuestra comunicación publicitaria, a la misma velocidad, o a cámara lenta, puede fijar el interés en ese momento y hacerlo más atractivo. La repetición es también el secreto de los calidoscopios. La misma imagen repetida simétricamente ocho veces puede crear algo nuevo y fascinante de una imagen normal o incluso banal. El famoso fotógrafo Henry Wolf dice en su libro *Visual Thinking*: «La repetición es la herramienta preferida de la publicidad. Un mensaje dicho solo una vez es un susurro en el bosque, mientras que un mensaje repetido mil veces es inevitable, a veces incómodo, pero siempre recordado». Y añadía: «Hace años, había en Nueva York dos preciosas niñas gemelas, que trabajaban como modelos fotográficas. Eran casi siempre contratadas como pareja. La fascinación no tenía que ver con su belleza, sino con que eran prácticamente iguales». Seguramente por eso la campaña de Trina, donde repetíamos cada uno de los personajes tres veces, tuvo tanta recordación en su momento.

El extraordinario artista contemporáneo Andy Warhol basó una parte importante de su fama en la repetición de lo cotidiano. Entre sus cuadros más conocidos está uno en que la botella de Coca-Cola se repite ciento doce veces, otro en que lo que se repite es un billete de un dólar y, por supuesto, las series de los retratos repetidos de Marilyn.

Y así, podríamos seguir con ejemplos formales hasta el infinito. Las formas, como ya he dicho antes, no tienen límite. Ni tampoco ha de tenerlo la imaginación de los creativos.

Las posibilidades de combinar los distintos caminos creativos entre sí son infinitas. Por ejemplo, el *spot* brasileño de Araldite en que se pegan o se juntan dos cosas que parecen imposibles de juntar, una lata de Coca-Cola y otra de Pepsi-Cola, es un problema-solución, una demostración, una comparación, una analogía, un símbolo visual, utiliza la música de forma maravillosa, le da la vuelta a las cosas y muestra un claro ejemplo de cambio de rol. No está mal, ¿verdad? Se podría pensar que es un *spot* complicadísimo. Pues no. Es extraordinariamente simple.

Una última reflexión. Todos y cada uno de los caminos creativos, solos o combinados entre sí, solo serán efectivos si la estrategia es la adecuada. No hay nada peor que un gran disparo en la dirección equivocada.

8

Momentos clave de mi vida profesional como creativo publicitario

Mi vida profesional como creativo publicitario empezó en cuanto abrí mi agencia, con solo dos personas, Núria García, mi querida primera secretaria, y yo.

Como he explicado muchas veces, en mi época de estudiante ni el marketing ni la publicidad eran carreras universitarias, y fue en un posgrado de la Escuela de Administración de Empresas, pensado para ingenieros industriales, donde adquirí la formación académica en estas materias. Tuve la suerte de que uno de los ingenieros que compartían aula conmigo fuese Marco Antonio Alvarado. Se había desplazado desde Guatemala para seguir ese curso, y siempre aplaudía las ideas creativas que yo exponía en la asignatura de publicidad. Cuando regresó a su país le nombraron director general de Turismo y ¿en quién pensó para su campaña? Pues en mí, que acababa de rechazar la oferta de trabajar con nuestro profesor, Eduardo Criado, en la que era entonces la mayor agencia de España, Alas. Preferí abrir mi propia agencia con Marco Antonio como primer cliente, quien nos invitó a mi mujer y a mí a conocer Guatemala durante quince inolvidables días, haciéndonos él mismo de guía. ¡Qué lujo ver un país de la mano de su director de Turismo!

Nos enamoramos de Guatemala y, tras hablar de presupuestos y otros temas, regresamos a Barcelona. Ahí fui consciente de que con el dinero del que disponían no podíamos hacer la campaña mundial que esperaban. Pero eso no me desanimó. El reto de encontrar una gran idea con aquel pequeño presupuesto me motivó aún más y tardé quince días en encontrarla. Pensando día y noche. Escribiendo todo aquello que, aun no siendo una buena idea, tuviera posibilidades de convertirse en algo que solucionara el problema. Hasta que un día, no sé cómo, se me ocurrió que si Guatemala aceptara ser el complemento de un viaje a México, tal vez conseguiríamos el número de turistas que querían. Tras comentarlo con él, escribí una carta a todos los turoperadores o creadores de viajes del mundo. Les hacía una propuesta irrefutable: si hasta aquel momento diseñaban viajes de una semana a México con gran éxito, ¿no tendría, tal vez, aún más éxito un viaje de cinco días a México y dos a Guatemala por el mismo precio? Dos países en vez de uno. Dos culturas, la azteca y la maya, en vez de una. Dos gastronomías en vez de una, y así sucesivamente. Parece que la idea gustó y Guatemala empezó a llenar sus hoteles y a construir nuevos. Ser como el hermano menor de México sirvió a Guatemala para desarrollar extraordinariamente su turismo y vivir de esa idea ¡cuarenta y dos años!

Pero todo tiene un final y un día, viajando de Barcelona a Madrid en el puente aéreo, encontré un folletito, tal vez pagado por Iberia, que invitaba a volar ¡directamente a Guatemala!

Con Marco Antonio Alvarado desarrollamos una amistad que dura hasta hoy, y estoy seguro de que durará hasta el resto de nuestros días. Todo por una idea, que además no cobré, porque me sentí totalmente pagado por aquella inolvidable visita de quince días a Guatemala.

Poco después, la empresa de hojas de afeitar Iberia, Sevillana, etc., de mi padre, su primo y su sobrino, decidió lanzar una nueva hoja de afeitar de acero inoxidable que afeitaba de una forma increíblemente más suave que las anteriores y, además, duraba fácilmente dos semanas en vez de un día como las antiguas. Se iba a llamar Filomatic y esperaban sacarla al mercado más o menos al mismo tiempo que Gillette, que acababa de instalarse en España. Mi familia convocó un concurso, al que mi padre me prohibió presentarme. Nada me podía causar más desolación. Yo había mamado hojas de afeitar desde mi niñez. Viví, antes de casarme, seis meses en Escocia, en un pueblecito industrial, East Kilbride, para aprender a fabricar esas hojas de la mano de los ingenieros que las habían desarrollado y habían vendido su tecnología a mi familia, en España; y a Bic, en otros países. Y después de todo eso, ¡no me podía presentar al concurso para evitar que otros hijos o sobrinos de los accionistas quisieran entrar a trabajar en nuestra empresa familiar!

Le di mil vueltas y al final decidí presentarme con otro nombre. Fui al Gremio de la Publicidad e inscribí una nueva agencia con un nombre bastante raro, ya que no podía correr el riesgo de que me lo rechazaran y tener que buscar otro, con lo que no llegaría a tiempo para el concurso. Me lo aceptaron enseguida y le pedí de inmediato al excelente diseñador José Baqués que diseñara el logotipo de mi nueva y flamante agencia de publicidad: Venditor (vendedor en latín). Al fin y al cabo, era lo que yo había sido hasta entonces, cuando con veinticinco años decidí abrir mi agencia de publicidad.

En aquella época los concursos no eran presenciales. No podías ir a ver al cliente y explicarle tu idea. Tenías que escribirla y entregarla en un sobre cerrado y lacrado que solo podía abrir el cliente, el día del concurso. Eso fue perfecto para mí. Envié mi sobre cerrado lleno de ideas y de ilusión por conseguir mi primer cliente grande, lo que implicaba hacer *spots* para televisión.

Un domingo, mi mujer y yo fuimos a comer a casa de mis padres y después de la comida mi padre me preguntó si yo, que estaba en ese mundo de la publicidad, conocía quiénes eran los de Publicidad Venditor. Con mucha cautela, le dije: «¿Por qué lo quieres saber?». Y él me contestó: «Porque han ganado el concurso. Saben horrores de hojas de afeitar y, además, nos han propuesto una idea que nos encanta: contratar a Gila, que dirá que afeitarse con Filomatic da gustirrinín, justamente cuando Gillette lanzará también su nuevo producto basándose en la tecnología americana».

Cuando le dije que Venditor era yo, me pegó la bronca más grande que he recibido en mi vida, y que soporté estoicamente. Me firmaron un contrato por tres meses (que jamás me renovaron) y decidieron pagarme un 7,5 % en vez del 15 %, que era lo habitual. Pero nada de eso me importó. Me tiré de cabeza a la piscina e hice con Gila cuarenta y cinco *spots* que dieron a Filomatic un triunfo arrollador sobre la primera multinacional del afeitado. Al cabo de seis años, Filomatic tenía un 68 % de mercado y Gillette el 20 %, por lo que en Boston, sede de Gillette, empezaron a ponerse nerviosos e hicieron una primera oferta de compra, que mi familia rechazó. Luego hicieron una segunda oferta algo mejor, que obtuvo el mismo resultado. Entonces el señor Ziegler, presidente mundial de Gillette, llamó a mi padre por teléfono y le propuso jugar un partido de golf en el Club Puerta de Hierro de Madrid. Mi padre tomó un avión de línea regular, y el señor Ziegler, el de la compañía Gillette. Se encontraron en el vestuario del club y empezaron a jugar y a hablar. En el hoyo dieciocho mi padre había conseguido el precio que toda la familia quería por la empresa y se dieron la mano.

Eso fue una enorme suerte para mi padre, que había sido operado del corazón con mal pronóstico, ya que la tranquilidad de saber que le iba a poder dejar a mi madre una buena situación económica le prolongó la vida doce años más. Pero sobre todo fue una gran suerte para mí, que por fin podría dedicarme a otros clientes.

En Filomatic, una vez encarrilada la campaña, habían ido pidiéndome cada día más cosas. Inventé promociones. Encargué el diseño de una nueva y revolucionaria maquinilla de afeitar, que ganó el Delta de Oro al mejor diseño del año. Propuse el patrocinio de la Vuelta Ciclista a España, que seguí personalmente durante cinco años, cuidando la situación de los letreros de Filomatic en las llegadas, para que aparecieran correctamente por televisión. Conseguí que el club de baloncesto y balonmano Picadero, ganador de ligas y copas, pasara a llamarse Picadero Filomatic. Y la guinda de todo ese trabajo fue el día que llegó Miguel Gila a mi casa con cara de enfadado y me dijo: «¿Crees posible que después de haber hecho miles de actuaciones en casi todos los teatros de España, miles de horas en programas de radio, cientos de chistes en *La Codorniz*, y un montón de películas, hoy, al dejar el coche aparcado cerca de aquí, el señor del parking ha dicho: «¡Mira, mira, el de la Filomatic y el gustirrinín!». Gila no podía haberme dado mejor noticia.

Volviendo a hablar de creatividad, ¿de quién eran los textos que decía Gila en la tele? ¿Alguien puede imaginar que fueran míos? Yo, sinceramente, en aquel momento de mi vida no hubiera sido capaz de inventarme el gustirri-nín, ni mucho menos el texto que decía Gila vestido de ruso frente al Kremlin: «*Bracova navich Gotigrado, adrovesna fernovichia Filomaticof. Krasna vorovania Alicarnovich, ochichornia Filomatic*». (Conste que aún me acuerdo de memoria de esas palabras pseudo-rusas, inventadas por Gila, antes de decir que Filomatic daba *gustirrinoff!*). Pero mi trabajo creativo no era escribir lo que iba a decir Gila, sino haberlo contratado y mantenido con gran éxito durante todos los años que duró la campaña. También eso requirió de grandes dosis de creatividad.

Rafael Camps, propietario de Netol, y Julio Hernández de Lorenzo, director general de Cinzano, fueron los primeros que confiaron en mí cuando, después de dos años en Interalas, abrí Bassat y Asociados, con Miguel Pongiluppi, Jesús Muñoz y José María Clapés. Conocí a Rafael Camps en el Club de Marketing y siempre habíamos sintonizado. Nos encargó el lanzamiento de un nuevo producto, Elvi de Netol, un aerosol que potenciaba la función del detergente. Se aplicaba a los cuellos, los puños y las manchas de las camisas antes de meterlas en la lavadora, y al sacarlas habían quedado perfectamente limpias. Era evidente que el camino creativo tenía que ser una combinación de demostración y comparación. Pero eso me llevaba a aquellos *spots,* tan odiados por la gente, de mamá e hija delante de una lavadora. No teníamos mucho dinero, por lo que nuestro *spot* tenía que ser muy notorio para que aquel pequeño presupuesto fuera eficaz.

La idea se me ocurrió enseguida: «Haremos una demostración y una comparación, pero en forma de analogía. Dos saltadores de trampolín, vestidos con bañador y camisa, se tirarán desde una altura de diez metros, dando vueltas en el aire, a una piscina llena de agua y de jabón. Previamente, una mujer rociará Elvi de Netol en el cuello, los puños y las manchas de una de las camisas, y en la otra no. Una vez debajo del agua, los saltadores seguirán dando vueltas sobre sí mismos, como hacen las camisas en la lavadora. Cuando salgan por la escalerilla de la piscina, la señora comprobará la blancura total de la camisa rociada con Elvi, y empujará al otro saltador al agua porque la camisa tendrá que seguir lavándose». Rodamos el *spot* en las piscinas Picornell, que en las Olimpiadas de Barcelona'92 albergaron las pruebas de natación. Un equipo de bomberos llenó la piscina de espuma, representando el jabón, y el rodaje se realizó sin problemas. El *spot* en la televisión causó el impacto esperado.

Trabajamos para Cinzano muy felices durante muchos años, hasta que un acuerdo de la multinacional con otra agencia les obligó a dejarnos, con enorme pena para ambas partes. Campañas para el Bitter Cinzano, para el vermut rojo con Claudia Cardinale y su famoso «Cinzano, *un sorbo di Cardinale*», para el vodka Smirnoff, la ginebra Gilbey's, el whisky 100 Pipers, y sobre todo para el Cinzano Rosé, nos llenaron de satisfacción. Cinzano Rosé era un nuevo producto que debía diferenciarse del rojo y del blanco, por su color rosado. El camino creativo de la música me hizo pensar en una antigua canción que continuamente se vuelve a poner de moda: *La vie en rose*, la vida en rosa. El color del Cinzano Rosé nos permitió hacer un *spot* con el brillante director de cine publicitario Jaime de la Peña, en el que, con las debidas gafas rosas y un vaso de Cinzano Rosé, todo se veía de color de rosa. Una avioneta, unas preciosas casas en la localidad francesa de Colliure, y sobre todo gente con los más atrevidos trajes y vestidos rosa.

Pues bien, muchos años más tarde, el competidor de Cinzano, Martini, lanzó su Martini Rosé, exactamente con la misma canción y el mismo concepto de ver las cosas de color rosa. Seguramente pensaron que tantos años después nadie se acordaría, pero la memoria de la gente es más potente de lo que muchos creen.

Por aquel entonces, me enfrenté al reto de hacer una campaña exclusivamente de prensa para una asociación de fabricantes y distribuidores de aparatos de aire acondicionado. Escribí cuatro o cinco anuncios y aún recuerdo el titular de uno de ellos, dedicado a vender aparatos de aire acondicionado a las tiendas. El titular no podía ser más contundente: «En las tiendas, cuando el calor sube, las ventas bajan». Era verdad y todo lo que decía el texto, también, por lo que me sentí feliz de haber podido ayudar a todo un sector a vender mejor sus productos.

Tras el lanzamiento de Adidas en España escribí en *El Libro Rojo de la publicidad* un breve resumen de cómo se había producido. En 1978 nos enfrentamos a uno de los encargos más excitantes que nos habían hecho jamás: introducir la multinacional Adidas en España, donde era una perfecta desconocida. El reto nos llegó de la mano de dos grandes profesionales, Jean-Louis Denu y Franz Brunberg, con los que se establecería una comunicación perfecta. Ambos nos dieron una libertad absoluta para crear, algo que nunca se puede agradecer bastante a un cliente. Además, contamos con el apoyo del propietario de Adidas, Horst Dassler, quien, en las numerosas ocasiones en que le fuimos a ver a su despacho de Landersheim, cerca de Estrasburgo, se entusiasmó con nuestro trabajo, y nos ayudó a mejorarlo con sus valiosas opiniones, que siempre demostraban un olfato de marketing asombroso.

Hubiéramos podido potenciar la imagen de Adidas en el tenis o en el fútbol, pero nuestra ambición nos llevó mucho más lejos. Íbamos a crear una nueva actitud de los jóvenes españoles ante la forma de entender y practicar el deporte, y ante el cómo y el cuándo usar un calzado deportivo.

Introdujimos en España el *jogging*, más conocido entonces como *footing*. No se nos ocurrió mejor manera de crear un amplio mercado para las prendas deportivas que potenciar la práctica de un deporte que no requiere rivales, ni balón, ni pista, ni red. Con una camiseta, un pantalón corto y unas zapatillas había más que suficiente. El deporte no tenía por qué ser cosa del domingo, ni las zapatillas algo reservado a la práctica de un deporte de competición.

Éxitos como éste recargan las baterías de cualquier publicitario. Ir más allá, impulsar hábitos sociales saludables y hacer olvidar recelos es tan reconfortante como lo fueron los excelentes resultados de ventas de Adidas.

Yo mismo no me hubiera atrevido a salir a la calle con calzón corto un año antes de nuestra campaña, y desde entonces adquirí esa sana costumbre. Entramos con buen pie. En los hogares y en las escuelas, donde los chavales adoptaron masivamente las zapatillas Adidas. Fue una comunicación revolucionaria. Con Adidas nació el *boom* de las zapatillas deportivas. Luego arrastraría a multitud de marcas nacionales y multinacionales a pelear por una cuota de mercado que nosotros habíamos inventado. Porque realizamos la estrategia más ambiciosa: crear una nueva actitud del consumidor.

Pero esa extraordinaria historia de la construcción de una marca lamentablemente no acabó bien. Escribí algo de eso en *El Libro Rojo de las marcas*: cuando los responsables de Adidas nos pidieron una campaña que reflejara que el deporte es cosa de todos, decidimos apostar por una campaña capaz de comunicar el mismo mensaje a la mayoría de países. Otras marcas ya lo estaban haciendo y estaban demostrando que la buena publicidad no tiene fronteras. Nuestro anuncio de Adidas apareció en España y gustó tanto que varios países lo compraron para pasarlo en sus respectivas cadenas de televisión. Lo habíamos rodado Jesús Muñoz y yo con Jaime de la Peña en Los Ángeles, para ser exactos en Hollywood. Tras buscar desesperadamente actores en España que supieran correr bien y encontrar solo cuatro, decidimos pedir ayuda a nuestra agencia asociada Ogilvy de Los Ángeles, para que realizaran allí el *casting*. En poquísimo tiempo recibimos fotos y detalles de ¡ochenta actores! con su currículum y su tiempo corriendo los cien metros. Dos de ellos tenían un tiempo mejor que el récord de España, y uno estaba seleccionado para correr en el equipo de Estados Unidos en las Olimpiadas de Moscú, cosa que no pudo hacer porque ese año Estados Unidos no participó. Utilizamos una cámara extra rápida que daba unas imágenes de cámara lenta como no se habían visto todavía en España. El *spot* fue un exitazo. Cumplió con el objetivo de crear una nueva actitud en los jóvenes españoles, y cuando la campaña se llevó a otros países los resultados demostraron que sucedía exactamente lo mismo con jóvenes de otras culturas.

Aquellas conclusiones ratificaban la idea que llevaba dando vueltas en mi cabeza desde hacía tiempo. Así que en uno de mis viajes a la central de Adidas, le conté al propietario de la compañía lo que pensaba sobre el plan de publicidad de Adidas. Mi propuesta era aunar esfuerzos y pasar de realizar ochenta *spots* anuales a uno solo, que funcionaría bien en todo el mundo. Acabábamos de demostrar que se podía hacer. Adidas podía permitirse hacer una campaña global. Horst Dassler me pidió un poco de tiempo para reflexionar sobre mi proposición. Días más tarde convocó a Ogilvy & Mather y a dos agencias más para darnos el *briefing* de la siguiente campaña. Para mi desespero, Ogilvy & Mather, ante la propuesta de la firma deportiva, decidió no presentarse al concurso, debido a cuestiones de incompatibilidad con otros clientes de calzado que llevaba el grupo. Concretamente la marca Alpargatas de Brasil. De esta forma, y gracias a un consejo honesto, perdimos la cuenta. Consejo, por otra parte, que volvería a dar si se repitiera la circunstancia.

De todas formas, queda en mi recuerdo ese *spot*, la locución final «Adidas» con acento americano, y una valla con un primer plano del pie de un niño calzado con Adidas azules y apoyado en la silla de su pupitre. El texto decía simplemente: «Entra en clase con buen pie».

Los pañales Muletton nos llevaron una vez a crear un *spot*, combinación de símbolo visual y analogía, que puede ser útil para entender los caminos creativos como una puerta absolutamente abierta a la creatividad, y no como pautas o normas que limitan nuestro campo de acción. Llamamos al *spot* «hombre del tiempo», porque nos servimos de los clásicos símbolos que indican lluvias, sol o nubes en las informaciones meteorológicas de la televisión, solo que en vez de un mapa se veía el culito de un niño con su pañal puesto. «Los nuevos pañales Muletton anuncian un notable descenso de la humedad con ausencia de chubascos en el sur, y un constante nivel de tiempo seco en todo el territorio», anunciaba el *off* mientras se iban colocando unos soles en el mapa-trasero. La idea fue de Lidia Espasande, una maravillosa creativa argentina que hace ya muchos años que vive en España. Cuando me enteré de que había dejado su anterior agencia, me planté en la portería de su casa, como un Romeo bajo el balcón de su Julieta, y le dije por el interfono que no me marcharía hasta que pudiéramos hablar de su futuro. Mi perseverancia tuvo su premio. Entró en mi agencia, hizo campañas brillantes, como la de Muletton, con la que ganamos varios premios, y comenzamos una relación de profunda amistad y de enorme respeto profesional.

De esa época recuerdo otra idea que fue simpática, divertida y eficaz. Y que, a pesar de su sencillez, o precisamente por ello, nos dio nuestro primer León de Oro en Cannes, donde nuestro creativo Julio Martín subió a recogerlo al escenario del Palacio de Festivales con gran orgullo. Ahora, cada vez que nos vemos me recuerda que ése fue el primer León de Oro de nuestra agencia. El producto era «Triquis» de Crecs, un nuevo aperitivo de forma triangular. Decidimos que la manera de presentar ese nuevo nombre y hacerlo popular sería utilizar la música de Demis Roussos, cantando el famoso «triki, triki, triki», estribillo de su canción *Velvet Mornings,* que todo el mundo conocía. Pero ¿qué hacíamos con el producto?, ¿cómo convertirlo en protagonista de la película sin aburrir al telespectador? Se nos ocurrió que alguien debía sostener un «triqui» en la frente y hacerlo deslizar hasta que le cayera en la boca. Se hicieron unos *castings* de habilidad, y tuvimos la suerte de dar con un joven que fue capaz no solo de sostenerlo y hacerlo bajar de la frente a la boca sin que le cayera, sino que además conseguía retenerlo un instante en uno de sus ojos. El *spot* mantenía la tensión y la atención, el aperitivo no podía tener mayor protagonismo y la música hacía su trabajo como si nada. Además, años más tarde tendríamos la satisfacción de comprobar cómo aquel hábil joven que nos sirvió de malabarista se convertía en un mago famoso gracias a sus apariciones televisivas. Era ni más ni menos que el Màgic Andreu.

A principios de 1984, en los preámbulos de la candidatura olímpica de Barcelona, el Patronato de Turismo nos encargó su campaña turística. «Se trata de que Barcelona pase a ser una ciudad europea que se ha de visitar», nos dijo su responsable, Santi Costa. Barcelona, «el norte del sur y el sur del norte» —según definición de su alcalde Pasqual Maragall— buscaba una nueva imagen a través de la publicidad internacional, que ayudara, además, a conseguir los Juegos Olímpicos. Encontrar esa imagen requería tanta materia gris que llegamos a celebrar dieciséis *brainstormings*, a los que, entre otras muchas personas, invitamos a los periodistas Luis del Olmo y Antonio Franco, al filósofo Xavier Rubert de Ventós, al diseñador André Ricard, a los empresarios Josep Maria Figueras y Joan Mas Cantí, a los arquitectos Pep Bonet y Agustín Borrell, y al propio alcalde Maragall. Reflexionamos en voz alta sobre las virtudes y defectos de la ciudad, sobre los tópicos a desterrar y los secretos a difundir.

Alguien apuntó que el color de Barcelona era el gris y que eso era algo que se debía cambiar, como ya estaba consiguiendo la campaña de rehabilitación de fachadas de la ciudad. Algo parecido había ocurrido con ese *Manhattan* sucio y agobiante descrito por la película de Woody Allen, que después del fuerte impulso de imagen del sensacional *I love New York* —ya todo un clásico— cambió de color en las mentes universales.

Buscamos una idea que sintetizara lo más positivo de esa ciudad abierta al Mediterráneo, culta, luminosa, con parques y avenidas, cuna de grandes artistas. Imaginamos que Europa era una gran mansión, y le buscamos un lugar a nuestra Barcelona. Evidentemente, Francia sería la cocina de la casa y Alemania la sala de máquinas, Italia sería el salón y Gran Bretaña la biblioteca. Y Barcelona iba a ser, sin duda alguna, la terraza. La gran terraza de Europa. El cartel que daría la nueva imagen de Barcelona no perdía detalle. Una terraza en tonos ocres y cálidos, que combinaba solidez y dignidad. Al fondo, la ciudad, abierta al mar. La luminosidad provenía de la propia ciudad, no del horizonte, por lo que ésta adquiría más protagonismo. Como detalle final y siguiendo el eslogan, las nubes insinuaban la silueta del mapa europeo. Era el encuadre ideal para llevarse una foto de recuerdo, y pretendía solo eso, convencer y seducir al turista para que viniera a hacerse esa foto y a disfrutar de todo el atractivo lúdico y cultural que descubría el texto del anuncio. Todo ello abrigado en ese eslogan de vocación futurista:

«Barcelona, la gran terraza de Europa». El 17 de octubre de 1986 Barcelona vencía en Lausana, y se convertía en estrella olímpica de 1992.

Para algunos de nuestros clientes, sin embargo, Europa era entonces un serio motivo de preocupación. Por eso, en 1987 pensamos en Sofía Loren para una campaña de prestigio de Pastas Gallo. La situación coyuntural era cambiante. Se esperaba la entrada inminente de las pastas italianas en el mercado, con un valor añadido por la tradición del país de origen. Nuestro objetivo era desarrollar una campaña preventiva de gran impacto, y por ello se decidió buscar un italiano famoso que avalara las pastas Gallo. No había expertos cocineros italianos conocidos en España, pero se encendió la chispa. Estaba Sofía Loren, que era famosa en España y en todo el mundo, era inequívocamente italiana y había escrito libros de cómo cocinar pastas. Localizamos a Sofía Loren, que entonces estaba en Estados Unidos, pero fue José Espona, propietario de pastas Gallo, quien personalmente la convenció de que aceptara la propuesta y firmara el contrato. Poco después empezábamos a rodar unos magníficos *spots* remarcando conceptos como «al dente», poco extendido en nuestro país, e invitando a «disfrutar de la pasta con pastas Gallo». Por cierto, cuando paramos para comer el día del rodaje, que realizamos en París, y Sofía Loren vio el *catering* sofisticadísimo que nos había preparado la productora, dijo: «Pero si tenemos pasta y una cocina para cocinarla, ¿por qué vamos a comer otra cosa?».

Se puso el delantal y nos preparó uno de los platos de pasta más memorables de mi vida.

Ese mismo año fui nombrado asesor de comunicación, publicidad e imagen de la presidencia de la Generalitat de Catalunya, lo que me ha permitido conocer muy de cerca las claves de la comunicación institucional. Después de una intensa etapa de campañas públicas referidas a distintos temas de gobierno, el panorama era realmente confuso. El índice de recordación de los mensajes de la Generalitat era muy bajo, sobre todo comparado con el excelente «*Barcelona més que mai*» (Barcelona más que nunca), con el que la ciudad había acertado plenamente. Mi primera aportación fue convencerles de que lo de «divide y vencerás» era una consigna propia del enemigo. En un año habían aparecido más de ochenta campañas publicitarias distintas de los diferentes departamentos del gobierno catalán. Era, pues, absolutamente imprescindible encontrar un concepto unitario que diera cohesión a todos los mensajes de la Generalitat. Escribí más de mil eslóganes, durante tres meses, todos ellos fieles a ese concepto unitario que buscaba la Generalitat, pero ninguno me convencía del todo. Hasta que un día, viajando en Swissair de Barcelona a Zurich, donde teníamos una reunión europea de Ogilvy, la azafata tomó el micro y dijo: «Estamos a punto de aterrizar en Zurich, la capital comercial de Suiza, un país de seis millones de habitantes que habla cuatro idiomas, el francés, el italiano, el alemán y el romanche». Mi mente se estremeció. Ahí estaba la idea.

Cataluña tiene seis millones de habitantes y habla solamente dos idiomas. Si buscamos un concepto unitario que dé cohesión a los diferentes mensajes de la Generalitat, es éste: «*Som 6 milions*». Somos seis millones, y no importa si somos castellano o catalanohablantes, si hemos nacido en Cataluña o venimos de otro sitio. Para la Generalitat, ¡somos seis millones y basta!

Cuando le propuse el eslogan a Lluís Prenafeta, entonces secretario general de la Presidencia, no pestañeó. Al cabo de un minuto se limitó a decirme: «Me gusta, podría funcionar». Y pasados unos días, me confirmó con entusiasmo: «Ésta será la campaña».

Una vez concretado el concepto genérico que debía provocar la identificación de todos los catalanes en un proyecto común, empezamos a desarrollar la campaña en tres fases claramente diferenciadas. La primera se limitó a dar a conocer el eslogan de la manera más notoria posible. El mensaje caló hondo. Los propios ciudadanos lo hicieron suyo rápidamente. Se convirtió en tema de debate en la calle, y para muchos en una coletilla con la que acompañar sus conversaciones. Se inventaron chistes y, en definitiva, su fuerza integradora e identificativa acabó entusiasmando a una gran mayoría de la sociedad. Ya teníamos un gran paraguas en el que cobijarnos. El trabajo fue convencer a mucha gente de que llovía. Es difícil coordinar la comunicación de cada área. Para Agricultura, la prevención de incendios forestales se debe afrontar sin demora. Para Sanidad, la campaña de vacunación no puede esperar, y así, sucesivamente. Optamos por desplegar el eslogan genérico «*Som 6 milions*» en una docena de grandes temas que subrayaban el mensaje. Obras Públicas, Sanidad, Cultura, Enseñanza, etc., requerían esos seis millones de ciudadanos para ser una realidad.

La segunda fase de la campaña permitía concretar los objetivos y entrar en detalle en los temas correspondientes a cada departamento, y en la tercera, el eslogan genérico era ya un simple punto y final que unificaba, una firma inconfundible de la institución, que no robaba ningún protagonismo a lo verdaderamente importante, ya fuera advertir sobre los peligros del tabaquismo o solicitar una mayor prudencia a los conductores. Tuvimos que aprender también a trazar y respetar las fronteras naturales entre información y publicidad, porque abusar de los anuncios institucionales que reflejasen la actualidad diaria del gobierno podía hacernos caer en el autobombo gratuito. En reuniones semanales con otros expertos en comunicación, fuimos filtrando objetivos para establecer las líneas maestras de cómo comunicarlos. Hay mensajes que requieren solo la información de la prensa. Otros aconsejan una campaña puramente publicitaria. Y a menudo se hace necesaria la combinación de una información permanente con una publicidad que busque objetivos concretos. Pienso, por ejemplo, en los accidentes de tráfico por beber demasiado o en las muertes de motoristas por no hacer uso del casco. Ni un anuncio debe limitarse a facilitar las cifras escalofriantes de fallecidos, ni una noticia debe hacer especial hincapié en el drama de las familias afectadas. Hay que saber comunicar las estadísticas oportunamente, sin cansar al público, para no provocar un efecto contrario endureciendo su piel. Y hay que hallar los mensajes publicitarios idóneos que combinen razón y emoción, para que los escalofríos hagan levantar un poco el pie del acelerador cuando uno se sienta al volante.

Con la inestimable colaboración de brillantes creativos, como Xavier García e Ignasi Clarà, redactores, directores de arte, productores, etc., realizamos muchas más campañas, como una antitabaco, que nos hizo perder un cliente de cigarrillos en nuestra agencia de Madrid, pérdida que asumimos sin rechistar. El popular Johan Cruyff, jugador y más tarde entrenador del Fútbol Club Barcelona, acababa de sufrir el gran susto de su vida: un infarto originado por su abuso del tabaco. «He tenido dos grandes vicios en mi vida: fumar y jugar al fútbol. El fútbol me lo ha dado todo en la vida, fumar casi me la quita.» Ése era el mensaje y ése era el momento, dada la personalidad que tenía en Cataluña el entrenador del Barça y la notoriedad que había tenido su infarto como noticia de todas las portadas.

Luego, el *spot* de mi vida. Cuando me preguntan cuál es, siempre digo que éste: «*Barrejar alcohol i gasolina mata*» (Mezclar alcohol y gasolina mata). Un domingo, mi hija Ana me explicó el drama de la noche anterior. Cuatro amigos suyos fueron a una discoteca. Bebieron, y al salir, uno de ellos, el más amigo de Ana, propuso regresar a sus casas en taxi. Los otros tres le tacharon de miedoso y aguafiestas. A pesar de eso, no subió al coche. Los otros tres sí, y en una curva siguieron rectos. Se mataron los tres. El lunes, Lluís Prenafeta, impactado por el número de muertos que hubo ese fin de semana en las carreteras, me encargó urgentemente una campaña para prevenir accidentes, que quería que estuviera el viernes por la noche en televisión. Con cuatro días por delante, no podíamos plantearnos *spots* complicados, como los que se hacían en Australia, que reproducían accidentes con tres o cuatro coches destrozados, ambulancias, muertos cubiertos con sábanas en la carretera, etc. Teníamos que encontrar una idea mucho más sencilla, que además no supusiera dejar de beber, ya que, tal como me había advertido Lluís Prenafeta, Cataluña es un gran productor de vino y cava, y no podíamos ir contra esa industria. Finalmente una simple analogía resolvió el problema: en un vaso largo, caen unos cubitos de hielo. Luego una botella de un producto alcohólico sin identificar llena medio vaso. Y cuando todo el mundo espera que se acabe de llenar con un refresco, entra una manguera que llena de gasolina el resto del vaso, mientras una voz en *off* dice: «Si esta noche mezclas alcohol y gasolina, el combinado puede ser mortal». La cámara descubre entonces que el vaso hace la función de florero junto a un nicho, una mano coloca allí unas flores y finalmente la voz remata: «Mezclar alcohol y gasolina mata». Será casualidad o no, pero durante los seis meses que duró la campaña en Cataluña, con emisión de los *spots* cada viernes y sábado por la noche de diez a doce, prácticamente no hubo accidentes mortales de jóvenes al salir de las discotecas los fines de semana, entre las dos y las cinco de la madrugada. He hecho *spots* que han vendido millones de hojas de afeitar, de kilos de pasta, de desodorantes y mayonesas. Cientos de miles de zapatillas deportivas y pantalones tejanos, y todo ello me ha dado una inmensa satisfacción, pero incomparable con la de haber ayudado a salvar la vida de un joven o de una chica a la salida de una discoteca el fin de semana. Por eso digo que es la campaña preferida de mi vida. Esta misma campaña dio lugar a una valla impactante en la que se veía un coche destrozado y un titular que decía: «La última copa».

Recuerdo también que, poco antes de iniciarse las Olimpiadas de Barcelona'92, una investigación realizada por la Generalitat confirmó lo que ya suponíamos: de las tres instituciones organizadoras, el Ayuntamiento de Barcelona, la Generalitat de Cataluña y el Gobierno de España, en el mundo a Barcelona se la conocía bien; a España, muy bien, y a Cataluña, nada. Era la perfecta desconocida.

Nos encargaron un anuncio de prensa para unos pocos diarios de países como Estados Unidos, Alemania, etc. El anuncio podía salir una sola vez, porque el presupuesto no daba para más, por tanto la idea tenía que ser lo suficientemente fuerte como para que causara impacto a la primera. Hicimos dos páginas consecutivas, en la primera solo se veía el marco de un mapa y un punto indicador de Barcelona. El titular preguntaba: «¿Dónde situaría usted este punto?». Al girar la página, el mismo punto aparecía sobre un mapa de Europa, en el que en rojo destacaba la silueta de Cataluña. El texto aclaraba: «En Cataluña, *of course*». Bastó esa idea, que creó una cierta polémica, para poner a Cataluña en el mapa.

Y no paramos de hacer campañas atrevidas, como una para la Conselleria de Sanitat, basada en los tópicos populares sobre salud que confunden hábitos insanos con conductas recomendables: «*No t'enganyis. Això no és vida*» (No te engañes. Esto no es vida) era el eslogan que servía para ir mostrando a personas ancladas en engaños tales como «El mejor deporte es el que se practica ante el televisor», o «Después de una buena comida, no hay nada mejor que una copa y un puro».

Mención aparte merece la campaña para la lotería de la Generalitat de Cataluña. Me quisieron imbuir tanto de la filosofía de las loterías que acabé por ir a Budapest a un congreso mundial del tema. Vi ahí decenas de campañas en las que casi siempre se mostraba al ganador fumando un puro fenomenal, rodeado de guapísimas jóvenes, en una casa fantástica, con dos coches extraordinarios en la puerta y un gran yate al fondo, en un puerto deportivo. Es decir, todo lo que se puede soñar y más. Pero mi cliente me recordó que esa lotería era de un gobierno y por lo tanto no debía extralimitarse en el nivel de vida lujosísimo del ganador.

En publicidad las medias tintas suelen ser malas, por lo que nos pusimos a buscar ideas diferentes a la ostentación y la riqueza. Eso sí, buscando comunicar lo mismo, es decir, si ganas la Lotto 6/49, que así se llamaba su primer producto, conseguirás lo inimaginable. No fue difícil llegar a la conclusión de que lo que todos queríamos conseguir era no tenernos que levantar pronto por las mañanas, y de ahí a la idea del despertador solo hubo un paso. El *spot* mostraba un sencillo despertador que sonaba muy desagradablemente, mientras en una sobreimpresión en la pantalla aparecía este texto: «Escúchalo. Escúchalo con atención. Concéntrate en este sonido. Porque si ganas la 6/49 no volverás a oírlo en toda tu vida. Lotto 6/49. Haz realidad todos tus sueños».

El coste del *spot* fue ridículo, menos que una fotografía, y el impacto fue enorme. En Cataluña, donde pasó la campaña, y también en Nueva York, en el Festival de Cine Publicitario. La película ganó primero el oro en su categoría, y después, cuando tuvo que competir con los oros de todas las demás categorías para optar al Grand Prix, también ganó, y con ello nuestra agencia consiguió uno de los trofeos más preciados del mundo. De modo que con el de Levi's y éste, ya contamos con dos. No muchas agencias de publicidad del mundo pueden decir lo mismo.

El jurado, formado por famosos directores creativos de las agencias más creativas del planeta, consideró que esa modestísima película merecía ser considerada la mejor idea publicitaria de todas las categorías y de todos los países del mundo que participaban ese año. Aunque la verdad es que cuando nos dijeron que habíamos ganado el oro, y supimos contra qué películas publicitarias iba a competir por el Grand Prix, no tuvimos demasiadas esperanzas. Una de ellas era la extraordinaria producción para Nike en la que famosísimos jugadores de fútbol de diferentes países daban lo mejor de sí mismos contra un equipo de agresivos demonios, algunos acompañados de perros dóberman, en un partido jugado en el Coliseo romano y arbitrado por un individuo ciego. Durante el *spot* se producían ilegalidades de todo tipo por parte de los demonios, hasta que, al final, le llegaba la pelota al internacional francés Cantona; el portero-demonio extendía sus alas negras cubriendo prácticamente toda la portería, mientras Cantona se levantaba el cuello de su camiseta, decía *au revoir* y chutaba tan fuerte que hacía un agujero en el cuerpo del demonio y marcaba el gol de la victoria. Bueno, pues fue contra esta brillante superproducción que nuestro modesto «despertador» ganó el Grand Prix. El jurado premió, por encima de todo, la idea, que es lo que un buen jurado ha de hacer siempre.

Dice Mahatma Gandhi que un estómago vacío es uno de los secretos de la creatividad. Y la falta de un gran presupuesto también. Nuestro cliente Purina quería conseguir más participación de mercado en el competitivo sector de la alimentación animal, básicamente para perros y gatos. Había que decidir un posicionamiento que nos diferenciara de la competencia. Nació la idea de crear la Fundación Purina, que se ocuparía de explicar todo lo que los animales de compañía pueden llegar a hacer por sus amos, desde los perros lazarillos para ciegos hasta los que ayudan a mejorar personas con algún tipo de enfermedad mental, etc. La Fundación Purina dedicaba su presupuesto a realizar interesantes publicaciones y a difundirlas entre el público. Un día, nos dijeron que había que hacer algo para detener la práctica de algunos propietarios de perros que al llegar el verano quieren irse de vacaciones, no pueden llevarse al animal ni pagar una estancia de dos o tres semanas en uno de los muchos lugares creados con ese propósito, y, simplemente, abandonan al pobre perro en una carretera desconocida para él y lo bastante lejos de su casa como para que no pueda volver. Llegaba el verano, precisamente cuando las vallas solían estar menos ocupadas. Pensamos que un buen mensaje de una fundación tal vez encontraría acogida gratuita por parte de algunas empresas de publicidad exterior. Y nos pusimos a trabajar. Pedí a Miguel Samper, un creativo con enorme sensibilidad, que se responsabilizara de ello. Al cabo de pocos días venía con un boceto que me dejó sin habla: un perro triste, abandonado en una carretera, y un texto que decía: «No lo abandones. Él nunca lo haría». Difícil, muy difícil, encontrar una idea mejor, que nuestro cliente apoyó desde el primer momento. Se hizo la campaña de vallas y nos empezaron a pedir pequeños carteles para colocar en las tiendas, y no solo de animales, que querían solidarizarse con el mensaje. Así se difundió esa campaña, gratuitamente. Creo que, muy pocas veces, con tan poco dinero se ha conseguido tanto, durante tantos años, porque la campaña está ahí, viva. Han cambiado muchas cosas, el nombre de la empresa, que ahora se llama Affinity, e incluso su agencia de publicidad, pero el «No lo abandones. Él nunca lo haría» sigue ahí, después de un montón de años y de impactos positivos en tanta y tanta gente.

Paralelamente, ganamos un León de Cannes con un *spot* que mostraba una hilera de gatos de todos los tamaños, colores y razas, lamiéndose de gusto con el sabor de Cat Chow. Solo que el último no era un gato, era el mayor de todos los felinos: un enorme tigre de Bengala al que, naturalmente, una sola ración no le era suficiente.

Otro *spot* que triunfó en los festivales fue el que hicimos para Byly, que era el líder en el mercado de los desodorantes en crema, pero afrontaba el reto de crecer y plantar cara a verdaderos gigantes del sector en otras modalidades. El desafío requería dotar de una personalidad aplastante a esa marca. Y esa personalidad queríamos que fuera visual. Jorge Gómez, otro brillante creativo argentino que trabajó años con nosotros en Barcelona, dio con el símbolo: unos cerditos. Hasta entonces, todos los *spots* hablaban del mal olor corporal, pero nosotros lo enseñamos mostrando a un grupo de personas que llevaban todas ellas un cerdito debajo del brazo. Una imagen vale más que mil palabras. Por eso el *spot* destacó. Cuatro premios de oro en Cannes, Fiap, San Sebastián y Nueva York, junto a otros muchos galardones, en Hollywood y en los premios Clio, hablan por sí solos. Pero lo más importante es que las ventas crecieron rápidamente y de forma muy considerable, a pesar de la modesta inversión en emisiones del *spot*.

Los cerditos consiguieron un milagro: la gente creía haber visto el anuncio más veces de las que en realidad lo había hecho. Habíamos demostrado un gran olfato apostando por ellos: dieron a Byly la personalidad relevante y diferenciada que perseguíamos.

Faltaban tres años para la gran fecha cuando el alcalde de Barcelona me pidió que concursara para realizar las ceremonias de inauguración y clausura de los Juegos Olímpicos de nuestra ciudad. Me planteé que, o tenía una gran idea o los demás grupos, expertos en el mundo del teatro y de los eventos, me ganarían. Le di mil vueltas, hasta que trabajando con todo el equipo de mi agencia de publicidad, se nos ocurrió la idea: calcular cuánto valdría un *spot* de tres horas y media de duración difundido en todos los países del mundo. Con esta cifra en un larguísimo cartón desplegable, nos presentamos al concurso. Nos tocó, por sorteo, presentar los últimos y empecé elogiando a quienes me habían precedido. Dije que todos ellos eran expertos en el mundo del espectáculo y que, seguramente, cualquiera de sus presentaciones sería una preciosa inauguración para los Juegos Olímpicos, pero que yo les presentaba una cosa distinta: un *spot* de tres horas y media de duración que serviría para cambiar la imagen de Barcelona, Cataluña y España. Habíamos hecho una investigación y sabíamos que la imagen de España era, sobre todo, la del flamenco, corridas de toros y vino barato. La imagen de Barcelona era casi inexistente y la de Cataluña, totalmente inexistente. Propusimos que ese *spot* de tres horas y media sirviera para crear una imagen de Barcelona como ciudad creativa y de diseño, y mejorara la imagen de España. Tras cinco presentaciones sucesivas, el consejero delegado del comité organizador de los Juegos Olímpicos de Barcelona, José Miguel Abad, nos propuso a los dos finalistas, Ovideo y Bassat Sport, que nos asociáramos para no perder ninguno de los tres «dieces» con los que nos habían calificado a cada uno de nosotros. Lo hicimos y tuve la suerte de que me nombraran presidente de la nueva sociedad y a Pepo Sol, de Ovideo, productor. Para cumplir con el objetivo de hacer un *spot* de tres horas y media que enamorara al mundo utilizamos todos los elementos posibles. Desde veinticinco cañonazos veinticinco segundos antes de las ocho de la tarde, para empezar puntualísimamente la ceremonia olímpica y romper así con el tópico de que en España siempre se hacen las cosas tarde, hasta la utilización del flamenco con la mejor bailarina del país, que abandonaría el estadio montada en un maravilloso caballo blanco. Presentamos un diseño de mar Mediterráneo que mostrara nuestra cultura y, sobre todo, conseguimos una idea para encender el pebetero de una forma completamente distinta a como se había hecho hasta entonces. Un especialista en el mundo del espectáculo nos había dicho que en cualquier representación, si no hay riesgo, no hay emoción. Que unos acróbatas pueden hacer maravillosos triples saltos mortales sobre una red y tener al público aburrido. Que, en cambio, otros pueden hacerlo menos bien pero sin red, y tener al público agarrado de los brazos de sus asientos. La diferencia es exclusivamente el riesgo. Por eso nos decidimos por la idea de encender el pebetero con un arco y una flecha, que era original, diferente, y mejor que como se había hecho en anteriores ocasiones. Tenía que ver con la tradición mediterránea desde los tiempos más remotos y, sobre todo, implicaba un riesgo, que obviamente habíamos medido a la perfección. De hecho, parecía mucho más arriesgado de lo que realmente era.

En palabras de Juan Antonio Samaranch, presidente del Comité Olímpico Internacional, fueron las mejores ceremonias olímpicas de la historia. Todo el mundo las elogió. Incluso Julio Iglesias, a quien le preguntaron si no estaba molesto conmigo por no haber contado con él. Contestó demostrando una extraordinaria inteligencia. Dijo: «En música pop, España está por detrás de Estados Unidos e Inglaterra. Pero en ópera no. Tenemos el mejor plantel del mundo: Plácido Domingo, José Carreras, Montserrat Caballé, Joan Pons, Jaume Aragall, Teresa Berganza, Alfredo Kraus, Victoria de los Ángeles… Por eso es lógico que, si queremos dar una gran imagen nuestra, los utilicemos a ellos y no a cantantes pop». Las ceremonias olímpicas fueron el mejor trabajo creativo de mi vida, al que dediqué tres años. Durante los últimos siete meses no pisé mi despacho en la agencia de publicidad, y trabajé siete días cada semana.

Otro de los procesos más apasionantes que he vivido tuvo lugar cuando fui presidente del Consejo Creativo mundial de Ogilvy. Recuerdo que, nada más llegar al cargo, le pregunté a la presidenta, Shelly Lazarus, qué esperaba del Consejo Creativo. Me respondió sin dudar: «Hasta ahora siempre ganamos los premios en los festivales más importantes con productos locales, alemanes, sudafricanos, españoles, tailandeses… Ahora quisiera ganar un premio en esos mismos festivales, con un producto global». Le pregunté que con cuál y me dijo que con Dove. De inmediato pusimos a trabajar algunas de las agencias clave: Londres, Düsseldorf, Toronto, Chicago y Nueva York. Y finalmente salió la idea: la belleza que vemos en los pases de modelos, en los *spots* publicitarios, en las revistas o en las vallas, está distorsionada. El maquillaje, el peinado, y sobre todo los retoques por ordenador, hacen que esas guapísimas modelos no sean reales. Y Dove quería proporcionar belleza real a mujeres de verdad, gordas, delgadas, jóvenes, mayores, con pecas, blancas, negras, orientales…

Se rodó un *spot* para Internet y tuvo tanto éxito que se llevó enseguida a televisión, a las televisiones de todo el mundo. Una joven, totalmente normal, se sentaba para pasar por peluquería y se veía a cámara rapidísima cómo la iban peinando hasta terminar el proceso. Luego el maquillaje, también a cámara rápida, su cara, los labios, los ojos, las cejas, las pestañas… Y finalmente, cuando la joven ya tenía la apariencia de una guapísima modelo, el ordenador acababa de retocarla. Le alargaba el cuello, le agrandaba los ojos, le subía las cejas, y así, totalmente retocada, aparecía en una valla publicitaria, mientras una voz en *off* recordaba lo dicho sobre la distorsión de la belleza e insistía en la belleza real de mujeres reales. Presentamos el *spot* al Festival de Cannes. Ganó el Oro en su categoría y luego el Grand Prix. Otra vez, una película nuestra premiada como el mejor *spot* publicitario del año en todo el mundo. Y no digo que es mi tercer Grand Prix porque, en este caso, mi contribución fue solamente poner en marcha el proceso, con los creativos adecuados para que este gran éxito se produjera.

Un día me entrevistó un periodista de la revista *Actualidad Económica* para que les hablara de *El Libro Rojo de las marcas*. Una de sus primeras preguntas fue: «¿Qué le parece este cambio de marca del Banco Santander, que al comprar el Banco Central Hispano ha pasado a denominarse BSCH?». Respondí que me parecía tan erróneo como si la Coca-Cola comprara Schweppes y pasara a llamarse CCS.

A los tres días me llamó Emilio Botín, presidente de BSCH, para pedirme que le visitara urgentemente en su despacho de Madrid. Tomé el avión y me recibió a solas. Tenía la revista *Actualidad Económica* abierta por la página de mi entrevista y esas frases mías acerca del BSCH marcadas con un rotulador amarillo. Me dijo: «¡Tienes toda la razón! Pero ahora, ¿qué se puede hacer? No puedo desautorizar a mis directores y hacerles volver a la denominación Santander». Le propuse una fórmula muy simple: encargar una investigación que evaluara la nueva marca y la anterior. «No puede ser —me dijo—, se sabrá y volverá a ser como desautorizar a mis directores». «Eso no es problema —le contesté—. Encargaré una investigación a la Universidad de Barcelona sobre marcas de automóviles, bancos y bebidas refrescantes, como autor de un libro sobre marcas y presidente de una agencia de publicidad suficientemente conocida. Nadie sospechará que es un encargo de un banco en concreto.» Esto le convenció.

Contacté con el investigador Jordi Torrents, que se ocupó de diseñar y poner en marcha la investigación, y con el diseñador Carles Graell. Con este mini equipo empecé a trabajar. Prácticamente cada semana iba a Madrid, solo, para tener informado a Emilio Botín del progreso de la investigación. Iba sin cartera ni papeles de ningún tipo. Como si fuera un cliente importante del banco al que recibía personalmente el presidente. Cuando tenía que llevar algo, papeles al principio y bocetos después, lo enviaba siempre el día anterior por mensajería.

La investigación fue clara: de los automóviles y las bebidas refrescantes nos dijeron lo que ya, más o menos, sabíamos, y de los bancos, también. La mejor marca bancaria para los españoles, jóvenes, mayores, urbanos, de campo, hombres, mujeres, etc., era Santander. Después BBVA. Pero no se podía rebautizar el banco solamente con la marca Santander. Los directivos del antiguo Central Hispano nunca lo hubieran aceptado. O sea que empezamos a estudiar marcas compuestas por dos nombres, o más, y sus correspondientes posibles logotipos: Banco Santander Hispano, Banco Santander CH, Banco Santander Central Hispano, y así hasta más de cien alternativas. La que dejaba más tranquilo a Emilio Botín, que siempre pensaba en su gente, era Banco Santander Central Hispano, pero esto más que una marca era un tren con cuatro vagones. Finalmente le quitamos uno, la palabra Banco, ya que algo que se llamara Santander Central Hispano no podía ser otra cosa más que un banco. Mantuvimos el símbolo de la llama que iba a desempeñar un papel importante. Cuando los directivos y el público en general empezaran a llamar a la entidad Santander, cosa de la que yo estaba totalmente seguro, iríamos sustituyendo los nombres Central Hispano por la llama, símbolo de la entidad, en los letreros luminosos de las oficinas.

Con el trabajo concluido y publicado (Carles Graell obtuvo el permiso para reproducir los más de cien logotipos en un libro de diseño gráfico), Emilio Botín me pidió que acompañara a Paco Luzón, vicepresidente del banco para Latinoamérica, y a Manolo Cendoya, un joven y prometedor abogado del Estado, a Argentina, Brasil y México, para intentar convencer a los directores de los bancos locales que había adquirido el Santander, y que mantenían sus antiguos nombres como Banco Río, que valía la pena cambiar el nombre a Santander. Pasamos quince días batallando como locos, ya que para los directores locales su nombre era el mejor, el de siempre, el más conocido y con el que sintonizaban sus clientes. Tenían razón, pero solo a corto plazo. Recuerdo que uno de nuestros argumentos era que si un día el Santander esponsorizara la Fórmula 1, ellos no aprovecharían el enorme tirón que eso significaba. ¡Qué poco imaginábamos que un tiempo después el Santander no solo patrocinaría la Fórmula 1, sino también los equipos de dos grandes marcas! ¡Y además, la Copa Libertadores de fútbol, equivalente sudamericano de lo que en Europa es la Champions! No los convencimos del todo, pero al menos les sembramos las dudas razonables sobre el cambio de nombre, Santander Central Hispano, que al cabo del tiempo previsto se convirtió simplemente en Santander.

A partir de aquella sincera respuesta mía a la revista *Actualidad Económica*, no hemos dejado de trabajar para el Santander. Es curioso, su filosofía, su fuerza, su dinamismo, te atrapa y no puedes dejar de hacerlo. Me siento especialmente orgulloso de las campañas «Santander crece hacia los clientes» y de la sudamericana «Los ingleses inventaron el *foot ball*, pero nosotros inventamos el fútbol».

9

La revolución de Internet

En 1999 escribí en *El Libro Rojo de las marcas* un capítulo final sobre Internet, intuyendo que este medio iba a
formar parte muy importante de la publicidad del futuro. Hoy resulta evidente que estaba en lo cierto, pero debo
reconocer que me quedé corto, porque la velocidad con
la que se ha desarrollado ha superado toda expectativa.

Los cambios han sido tan profundos y se han producido en un espacio de tiempo tan breve que han supuesto una verdadera revolución. Tan o más importante como
lo fue en su día la aparición de la televisión. Antes, la publicidad iba a la radio, a la prensa, al marketing directo o
a las vallas, pero llegó la televisión y todo cambió. La televisión se convirtió en el gran medio, el más importante
de todos, y los demás no tuvieron más remedio que ir a
remolque. A partir de ahí surgió una nueva manera de hacer publicidad, se pasó de las frases escritas para que la
gente las viera o las leyera a frases dichas por personas
que salían, que se movían, que tenían música alrededor.

De repente, la publicidad, que hasta entonces había sido estática, se movía y eso lo cambió todo.

Pues bien, ahora con Internet todo vuelve a cambiar, tanto o más que como lo hizo con la aparición de la televisión. Al principio, la publicidad era puramente racional, utilizaba argumentos tales como «si usted quiere una bicicleta que pese menos, la mía pesa dos kilos menos que las demás». Cuando los productos empezaron a igualarse y a parecerse todos unos a otros, nació la publicidad emocional, que decía cosas como «la chispa de la vida», que eran maravillosas pero no decían qué ventaja tenía el producto. Curiosamente, con la llegada de Internet la gente podía pensar que la publicidad iba a ser todavía más emocional, y no. Resulta que la publicidad vuelve a ser racional, porque quien está frente a la pantalla del ordenador mirando las características de ese nuevo producto que se piensa comprar ya no se conforma con que le digan que es estupendo, lo que quiere saber son las características. Y se las estudia tan a fondo que, muchas veces, cuando llega a la tienda y le pide al vendedor que le informe sobre un nuevo modelo que acaba de salir, éste acaba poniendo cara de no saber de qué le están hablando. Los compradores empiezan a saber más que los vendedores porque, gracias a Internet, llegan a la tienda con una información absolutamente completa de lo que quieren comprar y lo único que esperan es encontrar el producto y hacer cuatro preguntas subsidiarias. Eso supone un cambio importantísimo para la publicidad que, sin dejar de lado su parte emocional, tiene que volver a explicar lo que es el producto.

Cuando entonces decía que el sueño de poder comunicarnos con cada uno de nuestros clientes estaba cada vez más cerca, nunca pude imaginar que realmente lo estuviera tanto. ¿Alguien podía pensar, simplemente hace un par de años, que Coca-Cola, que es la primera marca mundial, quitaría su nombre de uno de los lados de la lata y pondría el de una persona, y que en vez de poner Coca-Cola pondría José o Manuel? ¿Alguien podía imaginarlo? Pues lo ha hecho y ha demostrado una inteligencia comercial extraordinaria. ¿Por qué? Porque, si ya estaba cerca de la gente, de repente se ha acercado mucho más. ¡Es que está llamando a sus clientes por su propio nombre! A mí me parece una campaña absolutamente brillante, una de las grandes ideas de Coca-Cola de los últimos años. Todos, incluso los no consumidores de Coca-Cola, han querido tener un envase en el que apareciera su nombre o el de sus personas queridas, y han inundando las redes sociales con sus fotos y comentarios. Sin duda, una publicidad impagable para la marca.

La historia de la creatividad en Internet es corta, pero intensa. Hace apenas quince años, la aparición de Google brindó a las marcas la oportunidad de hacerse visibles en el mundo digital. De pronto, cualquier usuario podía visitar su web fácilmente y todas competían por ofrecer los mejores contenidos y el diseño más llamativo. Como cualquier hogar que recibe una visita, todas querían ser un anfitrión amable y agradable. Pero pronto descubrieron que con eso solo no bastaba, que de nada servía tener una web estática. Para diferenciar una marca y hacerla memorable, su web ha de ser proactiva, ha de interesar al consumidor con la adecuada información y promociones que le importen, que sean fácilmente accesibles y que le hagan participar. Sin embargo, hoy la publicidad de las grandes marcas en los medios tradicionales ya no termina, como entonces, con una invitación a visitar su web. Hoy termina con una llamada a la acción: «Síguenos en Facebook y en Twitter».

Las llamadas redes sociales están adquiriendo una importancia cada vez mayor en nuestras vidas, y están cambiando para siempre la relación entre las marcas y los consumidores. Antes, las marcas hablaban y los consumidores escuchaban. Ahora se produce un fructífero diálogo entre ambos. Ya no se trata solo de hacer publicidad que al consumidor le guste ver, sino de hacer que la busque y la recomiende. Las redes sociales fomentan la cultura del compartir y las marcas han de tener claro que a quien se dirigen ya no es solo a un consumidor, sino a éste y a toda su red de contactos. Por eso hoy, más que nunca, es fundamental cuidar la calidad del producto o servicio que ofrecemos. Si estamos buscando un hotel para pasar unos días, por mucho que su página web diga que está excelentemente ubicado o que su relación calidad/precio es inmejorable, si alguien que acaba de alojarse allí escribe en Internet que el personal no ha sido todo lo amable que esperaba o que la calefacción dejaba bastante que desear, casi con toda seguridad elegiremos otro. Una sola opinión negativa puede pesar más que diez comentarios positivos.

La aparición de las redes sociales ha supuesto un importante paso adelante para hacer que la comunicación sea cada vez más fluida. Una de las primeras en aparecer fue LinkedIn, fundada en 2002 y convertida hoy en la mayor red profesional del mundo con 225 millones de usuarios. Dos años después apareció Facebook, que cuenta ya con más de 1.100 millones de usuarios registrados. Aunque inicialmente fue concebida como una red orientada a las personas, las marcas han conseguido posicionarse y ganar protagonismo a través de sus páginas, y cada vez son más las que utilizan este canal para comunicarse con el consumidor. Y otro tanto sucede con Twitter, cuya popularidad no ha parado de crecer desde que se creó en 2006. Con una estrategia creativa adecuada, también aquí es posible conseguir miles de seguidores y dialogar con ellos a través de microblogs o mensajes cortos de 140 caracteres como máximo. El Twitter oficial de Starbucks, por ejemplo, cuenta con casi cinco millones y medio de seguidores en todo el mundo. A nivel español, Tuenti ofrece la posibilidad de acceder a un público más joven. Y desde junio de 2011, la nueva red social a tener en cuenta es Google+, que en muy poco tiempo ha conseguido un crecimiento espectacular, ya que se trata de una plataforma social que integra todos los servicios de Google, entre ellos YouTube.

Yo creo que, si algo ha revolucionado la publicidad en Internet, ha sido YouTube. Actualmente se calcula que cada minuto se suben más de cien horas de video, y los más populares pueden llegar a conseguir millones de visitas en un solo día. Pero eso que hoy es tan evidente, en 2006, cuando apenas hacía un año que existía, no lo era tanto. Por eso, considero que tuvo tanto mérito aquel «Amo a Laura», el primer gran éxito español en YouTube. La campaña creada para la cadena musical MTV por la agencia Tiempo BBDO consiguió entonces más de tres millones de descargas y aumentó la audiencia de la cadena en más de un 50 % en apenas tres semanas. Sin duda, fue un magnífico ejemplo de marketing viral, término con el que se conocen las técnicas de marketing que intentan explotar las redes sociales, y otros medios como el correo electrónico y los SMS, para difundir un mensaje, una idea, un evento, una promoción. Gracias a las nuevas tecnologías, este boca-oreja de la era digital es capaz de lograr una rápida propagación con un crecimiento exponencial extraordinario.

YouTube ha abierto la puerta a que empresas y particulares tengan su propio canal en la plataforma. Algunas marcas han optado incluso por aglutinar sus contenidos en un entorno audiovisual propio. Un buen ejemplo de ello nos lo da Nestlé, que ha creado su propia Nestlé TV con cinco canales temáticos, dedicados al mundo de las mascotas, de la cocina, del bebé, del bienestar o de la propia marca. Más de mil trescientos videos, de momento, a través de los cuales Nestlé se acerca a sus consumidores, ofreciéndoles desde apetitosas videorrecetas o un truco para pelar cebollas sin llorar, hasta consejos sobre cómo dar un masaje al bebé o cómo afrontar los primeros días del cachorro en casa. Esta estrategia creativa le permite, además, obtener una valiosa información no solo a través de los comentarios, sino también del número de reproducciones de cada video y de suscripciones a cada canal, que consigue generar.

La manera de obtener información del consumidor ha cambiado radicalmente. Hoy en día cada búsqueda, cada comentario, cada clic en un «Me gusta» queda registrado en complejos sistemas de computación, que permiten detectar tendencias y diseñar mensajes a medida. Pero lo que no ha cambiado es el valor de una buena base de datos, que sigue siendo un tesoro.

En este sentido, una de las campañas más exitosas, y a la vez pionera, en la utilización de las nuevas tecnologías fue, indudablemente, la que llevó a Barack Obama a la presidencia de Estados Unidos. La gran idea creativa en este caso fue fichar a empleados que provenían de empresas como Google, Facebook o Amazon, ya que gracias a su conocimiento del mundo digital fue posible personalizar al máximo los mensajes, es decir, saber qué decir y qué pedir a cada uno de los posibles votantes, ya fuese simplemente el voto, una donación o una ayuda en forma de voluntariado concreto.

Internet está demostrando ser una fuente inagotable de posibilidades para desarrollar la creatividad. Por ejemplo, a través de los blogs. ¿Quién nos iba a decir que algunos se leerían más que la mayoría de periódicos? ¿O que los blogs de moda y belleza iban a tener tanta influencia?

Finalmente, para acabar este breve repaso de las enormes posibilidades que ofrecen las nuevas tecnologías, me gustaría referirme a uno de los últimos fenómenos: los códigos QR (*Quick Response*), esos cuadraditos que aparecen cada vez en más envases, anuncios, vallas y todo tipo de publicaciones. Gracias a ellos, el espacio ha dejado de ser una limitación, ya que lo único que se necesita para acceder a la información extra que ofrecen es un dispositivo inteligente, como un *smartphone* o una *tablet,* y una aplicación adecuada. Hoy en día podemos ver gente en la calle, parada delante de un cartel, enfocando en la pantalla de su móvil uno de esos códigos. Un ejemplo son los anuncios de la Obra Social de «la Caixa» que prometen que, si enfocas con tu móvil su código QR, conocerás por qué «el alma de la Caixa no cambia».

Los dispositivos móviles permiten establecer un nexo de comunicación entre el mundo real y el mundo digital, que las marcas pueden utilizar con fines promocionales, para premiar al consumidor frecuente, para dirigir al cliente a sus puntos de venta o para cualquier otro que pueda surgir de una mente creativa.

Las posibilidades son infinitas y no han hecho más que empezar. La imaginación creativa de publicitarios y expertos en Internet dará a luz muchas más ideas de diálogo entre las marcas y sus clientes. Porque la creatividad es infinita y la necesidad de las marcas de llegar a sus consumidores también.

Todo ello hace que las agencias de publicidad, que empezaron siendo de servicios plenos y luego se convirtieron en especialistas, dejando que los medios los comprara otro y que de la investigación se ocupara un tercero, tengan que reinventarse por enésima vez. Si quieren sobrevivir, tendrán que volver a tomar la responsabilidad de todo, incluido Internet. El cliente ya no irá a una empresa que le haga la publicidad solo en los medios convencionales y a otra que se la haga en Internet. El anunciante lo que querrá es ir a una que le recomiende lo que más le conviene a su producto o a su marca, y que lo sepa desarrollar en Internet, en la televisión, en la radio, en eventos, en patrocinios y en todo aquello que hoy la empresa puede hacer para acercarse más a sus consumidores.

Hace poco, con motivo de la presentación de *El Libro Rojo de la vida*, un periodista me preguntó si, con este panorama, hoy me apetecería montar otra vez una agencia como hice en 1975. Le contesté que si hoy tuviera veintidós años, y una excelente formación en publicidad como la de esos chicos y chicas que acaban de terminar la carrera, haría dos cosas. La primera, montar mi propia agencia ya. No esperaría a que me contrataran, porque iba a ser difícil que alguien contratase a un joven. Al contrario, las agencias lo que están haciendo es despedir gente. Y la segunda, buscar clientes aquí, en Estados Unidos, en Argentina, en México o donde sea. Es decir, montaría una multinacional en mi dormitorio. Yo solo, porque hoy en día con Internet todo es posible. Intentaría vender mis servicios primero en países de habla hispana y luego, si eso no fuese suficiente, en todos los demás. Si los consejos que he sabido dar a mis clientes han sido útiles y han funcionado, por qué no pensar que, si volviera a empezar ahora, también sería capaz de aconsejar a una empresa que estuviese ubicada en Buenos Aires, en México, en Nueva York o en cualquier otro lugar. Aunque, por supuesto, para conseguirlo tendría que empezar por crear y difundir mi propia marca personal, utilizando todas las herramientas que Internet pone al alcance de cualquier usuario. Que son muchas, que cada vez son más, y que obligan a una creatividad cada vez mayor para destacar en el inmenso universo de la Red.

10

Creativos publicitarios de bandera

He tenido la inmensa suerte de trabajar con creativos publicitarios extraordinarios, de bandera. El primero, David Ogilvy. Conocí a David en 1975 cuando ya había hecho algunas de las campañas más famosas de la historia, como la de Rolls-Royce: «A sesenta millas por hora el ruido más fuerte en este nuevo Rolls-Royce viene del reloj eléctrico»; la de las camisas Hathaway del hombre con el parche en el ojo, la de Guinnes con su famosa *Guía Guinness de las ostras*, la de Schweppes protagonizada por un personaje único y fácilmente reconocible, el sofisticado comandante Whitehead, y tantas otras.

También escribió frases acerca de la creatividad que han hecho historia: «Si tu campaña no está basada en una gran idea, pasará como un barco en la noche»; «Las personas que están lo suficientemente locas para pensar que pueden cambiar el mundo, son las que lo cambian»; «Somos más sabios de lo que pensamos»; «La intuición es el arte de escuchar al gurú que hay dentro de nosotros»;

«Nuestros mejores pensamientos e ideas no son el trabajo de una mente lógica, sino regalos de nuestro inconsciente»; «Reglas para la creatividad: Regla 1: No hay reglas; Regla 2: Nunca olvides la regla 1».

David era un perfeccionista y podía escribir cincuenta titulares hasta encontrar el mejor de todos, no se conformaba nunca con las primeras ideas, sino que las perfeccionaba sin descanso. Era capaz de sintetizar lo que quería decir con las palabras precisas. Cuando le pedí que escribiera el prólogo de mi primer libro, jamás imaginé que escribiría algo tan corto, tan bueno y tan generoso.

Fue además un extraordinario presentador, convencía a los clientes antes de explicarles cómo era la campaña, diciéndoles solo cómo había estudiado su caso y con qué profundidad. No he conocido otro redactor mejor en mi vida. David vendió extraordinariamente bien los productos y las marcas que anunció, utilizando sobre todo la prensa, las revistas y el marketing directo. Y admiró profundamente a los creativos más jóvenes que tuvimos la oportunidad de iniciar nuestra vida profesional con la televisión.

Robyn Putter, al que ya me he referido anteriormente al hablar de las técnicas creativas, fue un brillante creativo y una increíble persona. Cuando en Sudáfrica no estaba permitido contratar negros, él creó una escuela de publicidad donde formó a cientos de chicos y chicas que hoy ocupan puestos de gran responsabilidad. Me sustituyó en la presidencia del Consejo Creativo mundial de Ogilvy y después pasó a ser el director creativo mundial de WPP. Sus campañas se cuentan por cientos. La que no puedo olvidar es la del Nedbank, una de las más premiadas de instituciones financieras, donde una perra amamanta a sus cachorros y a un cachorro de leopardo, mientras la voz en *off* dice: «En Nedbank tratamos a todos nuestros clientes por igual. No importa la edad que tengan. Exactamente de la misma manera: muy bien. La razón es bien sencilla. Nunca sabemos quién pueden llegar a ser. Nedbank. Porque, si tienes más de dieciocho años quieres un banco, no un club de jóvenes».

Por Paco Izquierdo sentí una extraordinaria admiración desde el día en que le conocí. Paco hubiera podido ser el David Ogilvy español, no en balde tradujo el primer libro de David, *Confesiones de un publicitario*. Y además, aplicó todo lo que en él se decía. Paco ayudó a construir la marca Cruz Verde, escribió «*Ter, ¿qué? Terlenka*» y se inventó las pieles rojas para Philips Shave. Paco era brillante escribiendo y también vendiendo a sus clientes. Sentí su muerte como se siente la de una persona de tu familia.

En Madrid, Roberto Arce era lo que Paco Izquierdo en Barcelona. Solo que tuvo más cerca a los grandes clientes de aquel tiempo, como Renfe e Iberia. «Papá, ven en tren» y «Con Iberia ya hubiera llegado» fueron antológicas, como tantas otras que hizo. Entre ellas la campaña para Tabacalera «Fume menos, sabe mejor» y aquel único anuncio de prensa de Alfredo Di Stéfano para una marca de medias: «Si yo fuera mi mujer, usaría medias Berkshire». Hubo otros grandes creativos de esa generación, algunos de los cuales aún viven y merecerían que los jóvenes publicitarios conocieran su obra, por lo menos como fuente de inspiración.

Joaquín Lorente rompió con lo establecido y creó campañas históricas. «Trinaranjus sin burbujas», que diferenció con una lógica aplastante a Trinaranjus de sus competidores, fue una de ellas: «Las naranjas no tienen burbujas, Trinaranjus tampoco». Otra de sus magníficas campañas fue la del brandy Veterano, basada en el diseño de un toro que había realizado años antes Manolo Prieto. La silueta recortada del animal caló de tal manera que, por razones culturales e históricas, consiguió el indulto cuando fue prohibida la publicidad exterior en las carreteras españolas, convirtiéndose automáticamente en un mito. Hoy en día sigue estando presente en colinas estratégicas del territorio y, aunque no lleve escrito el nombre Veterano encima, es suficiente para recordar la marca.

Estuvimos a punto de hacer algo juntos cuando fundaron MMLB, pero finalmente no lo hicimos y seguimos cada uno por nuestro camino. El otro socio creativo de MMLB fue Marçal Moliné, de quien siempre admiré su formación teórica y el desarrollo de ideas como la de la publicidad interactiva, mucho antes de la aparición de Internet, en la que el consumidor debía poner un poco de su parte para captar el anuncio. Este pequeño esfuerzo conseguía que la marca en cuestión quedara fijada mucho más profundamente en la mente del consumidor. Marçal escribió estupendas campañas como las de Meyba, Borges, Punto Blanco, Fruco, Leche Rania, y algunos anuncios memorables como el de San Bernardo de Magno para el popular brandy.

Luis Casadevall es otro de los talentos mundiales de nuestra profesión; decirle a los padres españoles que aprendieran de sus hijos y que comieran yogur Danone fue no solamente una idea brillante, sino también un cambio de paradigma en el consumo de yogures. Esa campaña ganó un León de Oro en Cannes, y hubiera podido ser perfectamente la campaña de Danone en todo el mundo, como la de «Cuerpos Danone». La marca Sanex, que supongo le pagó todas las facturas, tiene una enorme deuda con Luis Casadevall y su socio Salvador Pedreño. También la marca Cruz Verde supo escoger bien a sus creativos, ya que Paco Izquierdo la construyó y Luis Casadevall la hizo más grande.

En aquella época, en Madrid, brillaban con luz propia José Luis Zamorano, José María Lapeña y Juan Mariano Mancebo que en Contrapunto ganaron innumerables premios, como el que lograron con el extraordinario *Pipín* para Televisión Española, la historia entrañable de aquel perrito que se iba de su casa porque su amo veía demasiada televisión. También hicieron brillantes campañas para Renfe, Loewe, el cuponazo de la ONCE, el «póntelo, pónselo» para promover la utilización del preservativo, etc.

Algo más joven, Miguel García Vizcaíno dejó también para la historia maravillosas campañas, y quiero destacar una por encima de todas, tal vez por mi afición al fútbol. Creo que ningún equipo del mundo se ha anunciado tan bien, tan brillantemente y tan creativamente como el Atlético de Madrid, club de los amores de Miguel García Vizcaíno. Tampoco podemos olvidar su trabajo para la marca Aquarius.

De su generación surge en Barcelona Toni Segarra, que había trabajado en Contrapunto con grandes maestros y al que traté de incorporar a nuestro equipo. Finalmente cuando WPP, por indicación mía, compró parte de su compañía, lo incorporó al grupo de agencias J. Walter Thompson. Toni es muy brillante y también muy profundo. Lo demuestran todas sus obras, y yo quiero destacar entre ellas la campaña para BMW «¿Te gusta conducir?». Seguramente no ha habido otra campaña mejor y más acertada motivacionalmente para esta marca en todo el mundo. Y qué decir de sus campañas para IKEA.

Madrid y Barcelona han rivalizado desde siempre en brillantez creativa y esto ha llegado también al mundo del diseño gráfico. Carlos Rolando, argentino de formación norteamericana, trajo a España una forma de hacer que solo se veía en California, y entre sus muchísimas aportaciones gráficas quiero destacar la personalidad que supo darle a la marca Camper, para quien tuve el gusto de hacer alguna campaña de publicidad como la de «Me gusta caminar».

Carles Graell es el diseñador con quien más he trabajado en toda mi vida. Desde que tenía su propio estudio hasta que se incorporó al grupo Bassat Ogilvy, donde ha hecho una carrera extraordinaria. Podría mencionar docenas de trabajos que hemos hecho juntos pero he escogido una sencilla etiqueta con una inmensa carga creativa. Viña Ardanza era seguramente el vino más conocido de España y sin embargo bajaban sus ventas. Tuve la suerte de que Guillermo de Aranzábal, presidente de La Rioja Alta, S. A., me contratara como consejero para ayudarle a solucionar el problema. Viña Ardanza era un vino extraordinario que se vendía sobre todo en restaurantes, y era fácil entender que un sumiller no lo recomendara a sus clientes, como tampoco recomendaría una Coca-Cola a alguien que le dijera «sugiéreme un refresco». Pues bien, había que encontrar algo para que el sumiller volviera a recomendar un vino tan reconocido y tan apreciado como ése. La estrategia creativa fue sencilla: todo el mundo conoce Viña Ardanza, pero nadie conoce aún el Viña Ardanza del año 2001. Y en esto basamos nuestra creatividad y nuestra propuesta al consumidor. Carles Graell diseñó una etiqueta en la que el número 2001 tomó el protagonismo, y yo escribí un texto que decía: «En toda nuestra historia, solamente tres añadas de Viña Ardanza han merecido la calificación Especial: 1964, 1973 y 2001. La lluvia, el sol, el frío y el calor se alternaron de la mejor manera posible para hacer de Viña Ardanza 2001 un vino único».

Organizamos una reunión en Barcelona y otra en Madrid con los principales sumilleres del país para presentarles ese nuevo Viña Ardanza. Lo probaron, les gustó y les dimos una nueva razón para recomendarlo a sus clientes, cosa que empezaron a hacer inmediatamente. Las ventas no solo dejaron de bajar, sino que subieron un 80 %. Para que alguien diga que la creatividad no hace vender.

Ricardo Pérez es probablemente el mejor escritor de eslóganes de nuestro país, como «El que sabe, Saba», o «Claro, Calvo». Entre sus campañas siempre recordaremos las que realizó para Reig Martí con «El rey de las camas», o la de «Voy a comer con Don Simón». También es digna de destacar la fina y elegante campaña para Davidoff: «Los que presumen de rubio, ahora lo tienen negro».

Y así podría mencionar a alguno más, pero como han trabajado en mi agencia no voy a hacerlo, para no ser acusado de hacer, indirectamente, publicidad propia.

Epílogo

¿Se puede predecir si funcionará o no una idea creativa?

Cuando uno está tan habituado al pensamiento creativo desarrolla también una sensibilidad para saber si esa nueva idea va a ser aceptada por la gente, o no. En algunas ocasiones la investigación ha podido matar ideas absolutamente geniales.

Si en 1906 la galería de Pablo Picasso, después del fabuloso éxito de sus cuadros azules y rosas, hubiera decidido realizar una investigación entre sus clientes y testar la nueva forma de pintar de Picasso, el cubismo, ¿cuál creen ustedes que hubiera sido el resultado? Estoy convencido de que aquellos compradores de cuadros habrían dicho: «No, por favor, que Picasso siga pintando esos maravillosos cuadros azules y rosas, y que se olvide de esta cosa tan nueva que no se entiende». Pero por suerte para Picasso, para su galería y para la humanidad, nunca se hizo ese test. Picasso presentó en su siguiente exposición cuadros cubistas que evidentemente chocaron con el gusto de muchos compradores tradicionales, pero esa pintura se fue abriendo camino por su propia calidad, reconocida por los críticos de arte y los líderes de opinión, y hoy en día algunos cuadros cubistas de Picasso valen más que muchos azules o rosas.

Otro ejemplo que demuestra que la creatividad está por encima de la investigación nos lo dio Mary Quant, quien hace más de cuarenta años creó la minifalda. Si en aquella época se hubiera hecho una investigación antes de lanzarla, para saber si las señoras se la pondrían o no, ¿qué creen que habrían respondido? Una buena parte hubieran dicho: «Está muy bien para las chicas jóvenes, para las modelos que tienen piernas largas y bonitas, pero yo no me pondré jamás una minifalda. ¿Cómo voy a enseñar la rodilla y los muslos? Y si me siento, ¿cómo taparé mis partes menos visibles? No, no, no, dígale a la señora Mary Quant que por favor siga diseñando las faldas a la misma longitud de siempre». Pero Mary Quant no hizo esa investigación, lanzó la minifalda y hoy un número importantísimo de mujeres del mundo la siguen utilizando.

Puedo ponerles también un ejemplo más reciente. Cuando hace unos pocos años se decidió lanzar en la moda femenina los pantalones muy bajos y los jerséis muy cortos, enseñando el ombligo, ¿qué creen que hubieran dicho las jóvenes de aquel momento si hubieran sido investigadas? «Oiga, mire, la cintura no es la parte más atractiva de mi cuerpo. Además, si tengo un poco de barriguita, con un buen pantalón apretado la disimulo. No, no, no, yo no voy a usar estos pantalones y jerséis tan cortos porque pienso que no estaré atractiva, y muchísimo menos en invierno; se me pueden enfriar los riñones y pasarlo muy mal. No, no, si quieren hacer las blusas un poco más escotadas, vale, si quieren hacer las minifaldas o los shorts más cortos, vale, pero enseñar la barriga no». ¿Y qué pasó? Se lanzaron sin investigar y se impusieron en el mundo. Hasta chicas a las que claramente no les favorecían tuvieron que ponérselos. A algunas de ellas yo les recomendaría que siguieran la moda de otra manera, porque realmente enseñar los michelines no es lo más atractivo. Sin embargo, lo cierto es que se han vendido millones de blusas cortas y jerséis cortos, millones de pantalones bajos y faldas bajas, simplemente porque la creatividad se impuso y no porque la investigación hubiera dicho que eso iba a ser un éxito.

En conclusión, como dice mi buen amigo, arquitecto y diseñador, Oscar Tusquets, la creatividad, si es buena, se impondrá, diga lo que diga la investigación. Y como dice también el padre del diseño industrial en España, André Ricard, todo nuevo diseño requiere un permiso de conducir. Y hemos de aprender a utilizarlo. Solo los que se niegan a progresar renuncian a sacarse este permiso de conducir, y acabarán no usando nada de lo que se vaya creando y produciendo.

Por fortuna son cada vez más los consumidores que aprecian la innovación y el buen diseño, por lo que recomiendo a todas las compañías que quieren llegar a ellos que se esmeren en aplicar la mejor creatividad a sus productos, a su distribución y a su comunicación. Así asegurarán su presente y construirán su futuro.

Gracias

A Carlos Martínez y Jordi Galli, editores, que tras asistir a una de mis conferencias sobre creatividad confiaron en mí para que la convirtiera en este libro.

A Dick Fosbury, que ganó la medalla de oro de salto de altura en los Juegos Olímpicos de México, tirándose de espaldas en vez de hacerlo de frente como todo el mundo, permitiéndome así, desde entonces, definir y explicar lo que es la creatividad.

A todos los clientes de mi agencia de publicidad Bassat Ogilvy, que me alentaron a «saltar de espaldas» para conseguir de esta manera una mejor y más eficaz idea creativa.

A Pasqual Maragall, que confió en mí y en mi equipo para crear y producir las ceremonias olímpicas de inauguración y clausura de los Juegos Olímpicos de Barcelona'92.

A mi padre, que me enseñó desde muy pequeño a inventar nombres, frases, eslóganes…

A David Ogilvy, mi padre profesional.

A Esther Vicente, que ha repasado íntegramente este libro y que ha puesto todo su talento, que es mucho, para mejorarlo.

A Montse Beltrán, mi asistente personal, que ha estado siempre junto a mí en mi trabajo creativo y cuyo criterio, a veces, me ha hecho rectificar el mío.

A Joan Camps, mi informático de cabecera, por su inestimable ayuda en lo que he escrito sobre Internet.

A Violeta Luján, joven redactora creativa sevillana, que se vino un mes a Barcelona para ayudarme a poner en orden el material creativo de este libro.

A María Consuelo García Fernández, cuya brillante tesis doctoral me ha permitido profundizar en diferentes aspectos de la creatividad, que he recogido en este libro.

A Caridad Hernández Martínez, cuyo magnífico y extenso libro *Manual de creatividad publicitaria* me ha revelado temas importantes del estudio de la creatividad, que reproduzco aquí.

A Javier Camacho, por sus escritos y su pensamiento.

Al filósofo José Antonio Marina, autor de interesantísimos escritos sobre la creatividad, muchos de ellos reunidos en el delicioso libro *Crear en la vanguardia*, de donde he tomado algunos de sus pensamientos.

A Joan Tremoleda, estudiante de segundo de bachillerato y autor del trabajo *La publicidad creativa. Búsqueda de las ideas*, que me ha sorprendido gratísimamente, tanto que he reproducido alguno de sus puntos. Si todos los futuros publicitarios españoles son tan buenos como Joan, volveremos a ser una primerísima potencia mundial en creatividad publicitaria.

Y a todos los brillantes creativos publicitarios, redactores, directores de arte, diseñadores, grafistas, realizadores y productores con los que he tenido el privilegio de trabajar a lo largo de mis cuarenta años de profesión, por lo que he disfrutado y aprendido de ellos. Ha sido un auténtico honor dirigir a gente con tanto talento.

Índice de nombres y marcas